kurz gefasst Deutsch

Literaturgeschichte

Eva-Maria Kabisch

Ernst Klett Schulbuchverlage
Stuttgart · Leipzig

kurz gefasst Deutsch
Literaturgeschichte

von Eva-Maria Kabisch

1. Auflage   1   5   4   3   2   1 | 2010   09   08   07   06

Alle Drucke dieser Auflage sind unverändert und können im Unterricht nebeneinander verwendet werden. Die letzte Zahl bezeichnet das Jahr des Druckes.

Das Werk und seine Teile sind urheberrechtlich geschützt.
Jede Nutzung in anderen als gesetzlich zugelassenen Fällen bedarf der vorherigen schriftlichen Einwilligung des Verlages. Hinweis zu § 52 a UrhG: Weder das Werk noch seine Teile dürfen ohne eine solche Einwilligung eingescannt und in ein Netzwerk eingestellt werden. Dies gilt auch für Intranets von Schulen und sonstigen Bildungseinrichtungen.

Fotomechanische oder andere Wiedergabeverfahren nur mit Genehmigung des Verlages.

© Ernst Klett Schulbuchverlag Leipzig GmbH, 2006.
Alle Rechte vorbehalten.
Internetadresse: www.klett.de

Redaktion: Michael Banse, Leipzig
Herstellung: Sandra Schneider

Umschlagfoto: Avenue Images GmbH (Getty Images/RF), Hamburg

Satz: Markus Schmitz, Münster
Druck: Gulde Druck GmbH, Tübingen

Printed in Germany
ISBN-13: 978-3-12-320222-3
ISBN-10: 3-12-320222-4

Inhalt

Frühzeit und Mittelalter (321–1500) — 4
- Germanische Frühzeit 4.–8. Jh. — 4
- Frühes Mittelalter 750–1170 — 4
- Hohes Mittelalter 1170–1270 — 5
- Spätes Mittelalter 1270–1500 — 5

Renaissance und Humanismus (1470–1600) — 6

Barock (1600–1720) — 8

Aufklärung (1720–1785) — 10

Sturm und Drang (1767–1785) — 12

Klassik (1786–1805) — 14

Romantik (1795–1835) — 18

Biedermeier (1815–1848) — 23

Vormärz – Das Junge Deutschland (1830–1850) — 25

Realismus (1850–1890) — 27

Naturalismus (1880–1900) — 29

Gegenpositionen zum Naturalismus (1890–1920) — 30

Expressionismus (1910–1925) — 31

Die literarische Entwicklung zwischen 1918 und 1945 — 33

Die literarische Entwicklung in der Bundesrepublik Deutschland bis 1980 — 36
- Vorphase 1945–1949 — 37
- 1. Phase 1950er Jahre — 37
- 2. Phase 1960er Jahre — 38
- 3. Phase Beginn in den 70er Jahren — 38

Die literarische Entwicklung in der DDR bis 1980 — 40
- Vorphase 1945–1949 — 40
- 1. Phase 1949–1961 „Aufbau des Sozialismus" — 41
- 2. Phase 1961–1971 „Ankunft im Sozialismus" — 41
- 3. Phase Beginn ab 1971 „postrevolutionäre Situation" — 43

Literarische Entwicklungen im deutschsprachigen Raum — 45
- Die 80er Jahre – Umbruch, Wende und „Regeneration der Literatur" — 45
- Die 90er Jahre – Aufbruch und Ernüchterung – der Weg in die Postmoderne — 47
- Die Jahrtausendwende – Bilanz und Perspektive — 49

Checklisten — 53

Grundbegriffe in der Literatur — 56
- Erzählende Literatur — 56
- Drama — 57
- Lyrik — 58

Namenverzeichnis — 60

Textquellen — 64

Frühzeit und Mittelalter (321–1500)

Begriff
Beginn der geschichtlichen Epoche Mittelalter unterschiedlich angesetzt: Kaiser Konstantin (Anfang 4. Jh. – das Christentum wird Staatsreligion), germanische Völkerwanderung (375–568), Ende Westroms (476). Kaiserkrönung Karls des Großen (800), Ende: Untergang der Staufer (1268), Reformation und Bauernkrieg (1517, 1525).
Beginn der literarischen Epoche Mittelalter begründet mit der ersten schriftlichen Überlieferung (schreibende Mönche) unter Karl dem Großen. Die Verbreitungsform Buchdruck (1455) im Vorfeld der Reformation beendet sie.

Historischer Hintergrund
Verbindung antiker und christlicher Herrschaftsvorstellung in Kaiser- und Reichsidee: „politische Religiosität".
Die Kirche ist Träger der Kultur und der Mission, aber auch politischer Macht: entscheidende Auseinandersetzung zwischen Papst und Kaiser im Investiturstreit (1075–1122). Germanisch-stammesrechtliche neben römisch-kirchlichen Rechtsformen: Der Adel in den ererbten Herzogtümern steht der Ausdehnung königlicher Macht zunächst entgegen.
Hierarchische gesellschaftliche Ordnung (ordo): Lehnswesen als Dienst und Gegendienst von Lehnsherrn und Gefolgsmann; die Bauern sind ausgeschlossen. Verpflichtung zum Leben in der Gemeinschaft; Vereinzelung ist Strafe. Beglaubigtes oder bezeugtes, gutes altes Recht gilt. Konkrete Rechtsvorstellungen (handveste = Urkunde), Erfüllung durch symbolischen Vollzug, z. B. Übergabe der Reichsinsignien bei der Krönung, Stabbrechen über den Verurteilten.

Geschichtliche Daten
768–814 Karl der Große (seit 800 Kaiser). 955 Abwehr der Ungarn durch Otto I. 10./11. Jh. Kirchenreform, ausgehend vom Kloster Cluny. 1152–1268 Stauferzeit

Germanische Frühzeit 4.–8. Jh.

Völkerwanderung, Reichsbildung der Germanen: Sagenstoffe der Edda, Götter- und Heldensagen werden mündlich überliefert. Der burgundisch-fränkische Nibelungenstoff thematisiert die Zerstörung des Burgundenreiches durch die Hunnen unter Attila (Etzel), der ostgotische Sagenkreis um Dietrich von Bern die Kämpfe Theoderichs des Großen.

Werke
Althochdeutsche Stabreimdichtung: Hildebrandslied, Zaubersprüche

Frühes Mittelalter 750–1170

Geprägt durch die Regierung Karls des Großen sowie Künstler und Gelehrte an seinem Hof (z. B. Alkuin). Förderung der fränkischen Sprache, Klosterschulen als Kulturträger und Bildungsinstanz – ‚karolingische Renaissance'. Einfluss der Kirchenreform des Klosters Cluny (910 gegründet).

Um 1025 mittellateinische Literatur, Übernahme antiker literarischer Kultur. Seit etwa 1170 frühmittelhochdeutsche Dichtung.

Wessobrunner Gebet (770/90), *Muspilli* (Weltuntergangsdichtung Anfang des 9. Jh.s), *Heliand* (Leben Jesu, um 830 für die Mission geschrieben), Evangelienharmonie Otfrieds von Weißenburg (um 865; zum ersten Mal Endreim).

Werke

Hohes Mittelalter 1170–1270

Blütezeit mittelhochdeutscher Dichtung unter den Stauferkaisern Friedrich I. Barbarossa (1152–1190) und Friedrich II. (1215–1250), geprägt vom christlichen Rittertum. Seit der Abwehr der Ungarn durch königliche Reiterheere (955) wird das Rittertum führender weltlicher Stand mit fester Ordnung seines Waffendienstes. Eine aristokratische Kultur entsteht in scharfer Abgrenzung gegen Kleriker, Bauern und Handelsleute. Ritterliches Wesen wird zum Ideal, geprägt durch die Tugenden triuwe (Treue) und staete (Stetigkeit), hôher muot (Tapferkeit und Mut), zuht und mâze (Zucht und Selbstbeherrschung). Lebensziele sind Ansehen, ehrenvolle Bewährung und Gnade Gottes. Mittelpunkt ritterlichen Lebens ist der Fürstenhof. Die aristokratische „hôveschheit" steht in schroffem Gegensatz zur „dörperie", zu bäurischem Wesen. Der Ritter leistet: Herrendienst (Heeresfolge, Treue zu Reich und Krone), Gottesdienst (christliches Leben, Hilfe für Schwache, Kampf im Kreuzzug), Minnedienst (Verehrung der höfischen, meist unerreichbaren Frau).

Heldenepos: Verserzählung von ritterlicher Bewährung in „aventiuren" (wichtige Begebenheiten in berichtenden Textabschnitten → Abenteuer). Minnesang: Lieder der höfischen Ritter, Verehrung der adeligen Frau (frouwe). Politische Spruchdichtung zu Konflikten zwischen Kaiser und Papst (Walther von der Vogelweide).

Autoren und Werke

HARTMANN VON AUE (1168–1220): *Erec*: erster deutscher Artusroman. WOLFRAM VON ESCHENBACH (1170–1220): *Parzival*: großes höfisches Epos, erzählt von der äußeren und inneren Entwicklung Parzivals zum Gralskönig. GOTTFRIED VON STRASSBURG (12. – Anfang 13. Jh.): *Tristan und Isolde*: um 1210 begonnen; wichtigster Liebesroman des Mittelalters. *Nibelungenlied*: um 1200 in Österreich entstanden, verbindet Siegfried- und Burgundensage. WALTHER VON DER VOGELWEIDE (etwa 1170–1230): Lyriker und Spruchdichter, 1187–94 am Wiener Hof der Babenberger Herzöge. Seine Lieder der „ebenen Minne" überwinden die ständischen Schranken, die für die hohe Minne gelten, z. B. bei Reinmar von Hagenau, dem Lehrer und Konkurrenten Walthers.

Spätes Mittelalter 1270–1500

Aufstieg des städtischen Bürgertums, Schwächung kaiserlicher Macht durch die Territorialfürsten. Ende der Ritterzeit, Auflösung der ständischen Ordnung u. a. durch Fehden. Die Pest 1350 führt zu religiöser Besinnung.

Autoren und Werke	WERNHER DER GARTENAERE: *Meier Helmbrecht* (1250–1280). Meister Eckhart (1260–1327): mystische Schriften. MECHTHILD VON MAGDEBURG (ca. 1210–1282): *Das fließende Licht der Gottheit*. OSWALD VON WOLKENSTEIN (um 1377–1445), der letzte ritterliche Minnesänger: Passionsspiele, Vagantenlyrik, Schwänke, Meistersang.
Textbeispiel	*Anfang des Nibelungenliedes* Uns ist in alten mæren wunders vil geseit: von helden lobebæren, von grôzer arebeit, von vröuden hôchgezîten, von weinen und von klagen, von küener recken strîten muget ir nû wunder hœren sagen.

Renaissance und Humanismus (1470–1600)

Begriff	**Renaissance** (frz. = Wiedergeburt oder Wiedererwachen): europäische Bewegung der Wiederbelebung antiker Kunst und Gedanken seit 1350, ausgehend von Italien; als Epochenbegriff von Zeitgenossen nicht benutzt, stattdessen „reformatio". Im 19. Jh. wird der Begriff *Renaissance* in der französischen Kunstgeschichtsbetrachtung gebraucht, dann übertragen auf die Literatur. **Humanismus**: Rückbesinnung (im Wesentlichen gelehrter Kreise) auf den Humanitas-Begriff der römischen Antike.
Historischer Hintergrund	Nach dem Fall Konstantinopels 1453 verbreiten sich von Italien aus in größerem Umfang antike Wissenschaft und Kultur in Mitteleuropa. Fülle an naturwissenschaftlichen und technischen Erkenntnissen (Galilei, Kepler; Böheim: Globus, Henlein: Taschenuhr); es entsteht ein naturwissenschaftlich-mechanistischer Fortschrittsglaube. Auflösung der mittelalterlich-ständischen Ordnung: Die Politik wird abhängig vom Geld bürgerlicher Kaufleute, der frühkapitalistischen Handelshäuser (Fugger, Welser). Suche nach neuen Handelswegen → 1492 Entdeckung Amerikas; Kopernikus: heliozentrisches Weltbild (statt des geozentrischen). Wachsendes städtisch-bürgerliches Selbstbewusstsein; das kirchliche Bildungsmonopol wird durchbrochen. Luthers Reformation bringt eine geistige Erneuerung und einen Wandel der Sprache.
Geschichtliche Daten	1453 Einnahme Konstantinopels durch die Türken. 1492 Entdeckung Amerikas durch Columbus. 1517 Martin Luthers Thesen gegen den Ablass, Beginn der Reformation
Tendenzen und Merkmale	Renaissance, Humanismus und Reformation entspringen der Sehnsucht des späten Mittelalters nach geistiger Erneuerung. Das Ideal höchster individueller Persönlichkeitsentfaltung nach antikem Vorbild wird angestrebt; eine Versöhnung von Antike und Christentum versucht. Nebeneinander lateinischer und deutscher Schriften, viele Übersetzungen italienischer Texte ins Deutsche → Entwicklung eines neuen Prosastils.

Autoren und Werke

SEBASTIAN BRANT (1458–1521): Das Narrenschiff (1494). ERASMUS VON ROTTERDAM (1466/69–1536), bedeutendster Humanist: *Lob der Torheit*. ULRICH VON HUTTEN (1488–1523): neulateinische Prosadialoge, Dunkelmännerbriefe; berühmtes Gedicht *Ich hab's gewagt!* MARTIN LUTHER (1483–1546): Reformationsschriften (1520/21): *An den christlichen Adel deutscher Nation*, *Von der Freiheit eines Christenmenschen*, *Von der babylonischen Gefangenschaft der Kirche*. Ungeheure Wirkung. Versuch, den Institutionen der Kirche den Einzelnen als Individuum unter göttlicher Gnade gegenüberzustellen (sola fide – Erlösung allein durch den Glauben!).

Bibelübersetzung

MARTIN LUTHER: *Sendbrief vom Dolmetschen* (1530), führt die Umgangssprache in die Literatur ein („den Leuten aufs Maul schauen!"). Luthers Bibelübersetzung (1534) ist ein entscheidender Beitrag zur Schaffung einer einheitlichen neuhochdeutschen Sprache.

Meistersang

HANS SACHS (1494–1576), Nürnberger Schuhmacher und Poet: Fastnachtsspiele. Vertreter des Meistersanges – von Zunfthandwerkern getragen – erster Höhepunkt städtisch-bürgerlicher Kultur. Handwerker und Landsknechte als Hauptgestalten; sein *Knittelvers* wird von GOETHE im *Faust* aufgenommen, die *Wittenbergische Nachtigall* (1523), ein Lied zur Verbreitung der Lehre Luthers, in Richard Wagners Oper *Die Meistersinger* wiederholt.

Volksbücher

Entstehung der Volksbücher: *Schildbürger* (1598), *Das Volksbuch vom Doktor Faust* (1587) → CHRISTOPHER MARLOWES *Faust*, in Deutschland als Puppenspiel bekannt geworden, LESSINGS *Faust*-Fragment, GOETHES *Faust*.

Textbeispiele

MARTIN LUTHER: *Sendbrief vom Dolmetschen (1530, Ausschnitte)*
[…] Ich hab mich des geflissen ym dolmetschen / das ich rein vnd klar teutsch geben mo(e)chte. Vnd ist vns wol offt begegnet / das wir viertzehen tage / drey / vier wochen haben ein einiges wort gesu(e)cht vnd gefragt / habens dennoch zu weilen nicht funden. […]
Als wenn Christus spricht / Ex abundantia cordis os loquitur. Wenn ich den Eseln sol folgen / die werden mir die buchstaben furlegen / vnd also dolmetzschen / Auß dem vberflus des hertzen redet der mund. Sage mir / Ist das deutsch geredt? Welcher deutscher verstehet solchs? Was ist vberflus des hertze(n) für ein ding? Das kan kein deutscher sagen / Er wolt denn sagen / es sey das einer allzu ein gros hertz habe / oder zu vil hertzes habe / wie wol das auch noch nicht recht ist / den(n) vberflus des hertzen ist kein deutsch / so wenig / als das deutsch ist / Vberflus des hauses / vberflus des kacheloffens / vberflus der banck / sondern also redet die mu(o)tter ym haus vnd der gemeine man / Wes das hertz vol ist / des gehet der mund vber / d(as) heist gut deutsch geredt / des ich mich geflissen / vn(d) leider nicht allwege erreicht noch troffen habe / Den(n) die lateinische(n) buchstabe(n) hindern aus der massen seer gut deutsch zu reden. […]

HANS SACHS: *Das Schlauraffen Landt (1567, Anfang)*
Ain gegent haist Schlauraffen Landt.
Den faulen leuten wol bekant,
das ligt drey meyl hinder Weyhnachten.
Vnd welcher darein wolle trachten.
Der muß sich grosser ding vermessn
Vnd durch ein Berg mit Hirßbrey essn,
Der ist wol dreyer Meylen dick.
Als dann ist er im augenblick
Inn den selbing Schlauraffen Landt,
Da aller Reychthumb ist bekant.
Da sind die Heuser deckt mit Fladn.
Leckuchen die Haußthür vnd ladn,
Von Speckuchen Dielen vnd wend.
Die Tröm von Schweynen braten send. [...]

Barock (1600–1720)

Begriff

Vermutlich abgeleitet von portugiesisch barroco = schiefrunde Perle oder von italienisch baroco = rhetorische Figur der Übertreibung.
Zunächst abwertend gebraucht für übertriebene Erscheinungsformen in Leben und Kunst; seit Ende des 18. Jh. als Stil- und Epochenbegriff für die bildende Kunst des 17./18. Jh. üblich. Erst Anfang des 20. Jh. (Neuentdeckung der Barockliteratur im Expressionismus) Übertragung auf die literarische Entwicklung zwischen Humanismus und Aufklärung. Als Epochenbegriff gültig, als Stilbegriff wegen Uneindeutigkeit umstritten.

Historischer Hintergrund

Glaubensspaltung, Gegenreformation und Abwehr der Türken vor Wien prägen die Epoche: im Süden und Westen katholisch, im Nordosten protestantisch bestimmt. Der Absolutismus (Staatstheorie nach Machiavelli: *Il principe*, 1513) beherrscht Staat und Kirche; der Adel ist abhängig von den Landesfürsten. Kulturpolitik dient der Machtentfaltung: Repräsentation und Dekoration. Die Höfe werden kulturelle Zentren (Wien), daneben sind Beamtenadel und Bürgertum Kulturträger (Leipzig). Die Dichtung ist überwiegend Auftragsarbeit der in höfischen Diensten stehenden, zumeist bürgerlichen Schriftsteller; außerdem gibt es moralisierend-satirische gegenhöfische Literatur.

Geschichtliche Daten

1618–1648 Dreißigjähriger Krieg. 1683 Türken belagern Wien. 1697 Sieg Prinz Eugens von Savoyen über die Türken

Tendenzen

Prägende Erfahrung aus dem Dreißigjährigen Krieg ist die „vanitas mundi", die Vergänglichkeit des Irdischen. Sie führt zu einer antithetischen Grundstimmung aus Todesangst und Lebenshunger, zu tiefer Frömmigkeit und Erlösungssehnsucht.

Barock 1600–1720

Merkmale

Entscheidende sprachliche Leistung: Die Überlagerung der deutschen Sprache durch lateinische Tradition und mittelalterliche Sprachreste wird überwunden; es entsteht eine weitgehend einheitliche deutsche Schrift- und Dichtersprache. Wichtig hierfür ist die Arbeit der Sprachgesellschaften zur Pflege des Deutschen und zur Ausarbeitung einer Poetik für die deutsche Sprache: Fruchtbringende Gesellschaft (Palmenorden) mit JOHANN RIST (1607–1667), GEORG PHILIPP HARSDÖRFFER (1607–1658) u. a.

Nach dem Verfall der Form im 16. Jh. wird nun eine strenge Einhaltung formaler Gesetze gefordert. Die Dichtung wird nach Regeln gemacht, die Beherrschung von dichterischer Tradition und Technik ist wichtig. Antike Kunstformen (Epigramm, Sonett) und Topoi (griech. Topos = festgelegtes Motiv) werden artistisch variiert. Auffällig sind superlativische Häufungen weit hergeholter Metaphern und Allegorien. Diese Sprachartistik steigert sich zur Emblematik, zur Kunst vielfältiger Anspielungen mit den allen Gebildeten bekannten Sinnbildern (z. B. Ölzweig = Frieden). Einerseits Übersteigerung im Schwulst, andererseits intensive Sprachverfeinerung und -bereicherung (Wortneuschöpfungen).

Theoretische Schrift

MARTIN OPITZ (1597–1639): *Buch von der deutschen Poeterey* (1624), erste sprachlich-stilistische Ordnung für die deutschsprachige Literatur; Forderung: „Reinlichkeit der deutschen Sprache, Verse und Reime". Entstehung von Sprachgesellschaften.

Roman

HANS JAKOB CHRISTOFFEL VON GRIMMELSHAUSEN (um 1622–1676): *Der abenteuerliche Simplicissimus Teutsch* (1669) gehört zur Gattung der damals beliebten Abenteuer- und Schelmenromane, sprengt aber den barocken Rahmen durch seinen Realismus der Kriegsdarstellung (Schilderung des Dreißigjährigen Krieges mit autobiografischen Zügen); erster deutscher Entwicklungsroman. Entscheidender Einfluss auf spätere Autoren (GOETHE: *Wilhelm Meister*; G. KELLER: *Der grüne Heinrich*). *Die Lebensbeschreibung der Erzbetrügerin und Landstörzerin Courasche* (1670) wird Vorlage für BRECHTS *Mutter Courage*. CHRISTIAN REUTER (1665 – nach 1712): *Schelmuffsky* (1696), Lügen-, Reise- und Abenteuerroman.

Drama

JAKOB BIDERMANN (1578–1639): *Cenodoxus* (1609), lateinisches Jesuitendrama.
ANDREAS GRYPHIUS (1616–1664), wichtigster Dramatiker und Lyriker des sogenannten schlesischen Barock: *Leo Arminius* (1646), *Catharina von Georgien* (1647), *Carolus Stuardus* (1649). Fortuna und Vanitas, Glück und Vergänglichkeit sind bestimmende Themen seiner Dichtung; christliche Standhaftigkeit angesichts der Kriegswirren, Märtyrer als Dramenhelden. Originellste Leistung für die Bühne: deutsche Lustspiele *Absurda Comica oder Herr Peter Squentz* (1657) und *Horribilicribrifax* (1663).

Lyrik

In der Lyrik (Sonette) präzise Rhetorik, planmäßige Erweiterung der Geschmeidigkeit der deutschen Sprache.

Textbeispiel

ANDREAS GRYPHIUS: *Abend (1650)*
Der schnelle Tag ist hin / die Nacht schwingt jhre fahn /
Vnd führt die Sternen auff. Der Menschen müde scharen
Verlassen feld vnd werck / Wo Thier vnd Vögel waren
Trawrt jtzt die Einsamkeit. Wie ist die zeit verthan!

Der port naht mehr vnd mehr sich / zu der glieder Kahn.
Gleich wie diß licht verfiel / so wird in wenig Jahren
Ich / du / vnd was man hat / vnd was man siht / hinfahren.
Diß Leben kömmt mir vor alß eine renne bahn.

Laß höchster Gott mich doch nicht auff dem Laufplatz gleiten /
Laß mich nicht ach / nicht pracht / nicht lust / nicht angst verleiten.
Dein ewig heller glantz sey vor vnd neben mir /

Laß / wenn der müde Leib entschläfft / die Seele wachen
Vnd wenn der letzte Tag wird mit mir abend machen /
So reiß mich auß dem thal der Finsternuß zu dir.

Aufklärung (1720–1785)

Begriff

Allgemein die im 16. Jh. einsetzende, im 18. Jh. vorherrschende gesamteuropäische Bewegung des Rationalismus, der Emanzipation des Denkens von kirchlich-dogmatischer Bevormundung (Primat der Vernunft). Als Dichtung der Aufklärung gilt die Anwendung dieser Ideen auf die Literatur im Zeitraum 1720–1785: zunächst geprägt von JOHANN CHRISTOPH GOTTSCHED, danach von GOTTHOLD EPHRAIM LESSING. Umfassende geistig-literarische Erneuerungsbewegung, in die Empfindsamkeit sowie Sturm und Drang eingelagert sind.

Philosophischer Hintergrund

Die Aufklärung vollendet die Bemühungen seit Ende des Mittelalters, den Menschen aus jenseitig-irrationalen Bindungen zu lösen und diesseits zu orientieren. Folgende Philosophen haben zur geistigen Emanzipation beigetragen:
RENÉ DESCARTES (1596–1650): Begründer des Rationalismus, Glauben an die Erklärbarkeit aller Dinge („Ich denke, also bin ich"). HUGO GROTIUS (1583–1645): Begründer des Naturrechts, Forderung nach religiöser Toleranz. THOMAS HOBBES (1588–1679): mechanistisches Weltbild, Universum und Mensch als Uhrwerk. JOHN LOCKE (1632–1704): Begründer des Empirismus. BARUCH SPINOZA (1632–1677): Es gibt nur eine Substanz, die Ursache ihrer selbst ist: deus sive natura – Gott und Natur zugleich. GOTTFRIED WILHELM LEIBNIZ (1646–1716): Welt als Uhrwerk in von Gott prästabilierter[1] Harmonie. CHRISTIAN THOMASIUS (1655–1728): Begründer der pietistisch-rationalistischen Theologie des 18. Jahrhunderts. CHRISTIAN WOLFF (1679–1754): völliges Vertrauen in die Macht der Vernunft. Dieser Aufbruch auf allen Gebieten der Erkenntnistheorie, Wissenschaft, Religion und Staatslehre mündet in die Philosophie IMMANUEL KANTS (1724–1804), der aus dem Aufklärungsdenken seine Pflichtethik entwickelt, den kategorischen Imperativ: „Handle so, dass die Maxime deines Willens zugleich als Prinzip einer allgemeinen Gesetzgebung dienen kann."

---

1 = vorbestimmt

Aufklärung 1720–1785

Nach dem Dreißigjährigen Krieg herrscht zunächst eine scheinbar dauerhafte europäische Ordnung: Absolutismus auf dem Kontinent, parlamentarische Monarchie in England. Tiefes Friedensbedürfnis (ABBÉ SAINT-PIERRE [1658–1743]: Abschaffung des Krieges, ewiger Friede). Die Höfe der Landesfürsten sind Kulturzentren. Gegen Diplomatie und Kabinettspolitik, Despotismus und Intrige wachsen Selbstbewusstsein und Ehrgefühl des Bürgers. Forderung nach unabhängiger Justiz, Milderung der Strafen, Schutz vor fürstlicher Willkür. Dem Ideal des aufgeklärten Absolutismus (Friedrich der Große: bezeichnete sich als erster Diener des Staates) entspricht die praktische Politik (Staatsraison) kaum. | **Historischer Hintergrund**

1740–1786 Friedrich der Große. 1740–1745 Schlesische Kriege. 1740–1780 Maria Theresia. 1756–1763 Siebenjähriger Krieg. 1775–1783 Nordamerikanischer Unabhängigkeitskrieg gegen England | **Geschichtliche Daten**

Der dreifachen Zersplitterung (konfessionell, sozial, national) werden als geistig einigende Gedanken entgegengesetzt: religiöse Toleranz, Gleichheit der Menschen von Natur aus, Weltbürgertum als Überwindung rassischer und nationaler Schranken. Ziel: allseitige selbständige Entwicklung des Geistes. | **Tendenzen**
Naturwissenschaftliche Erkenntnis gegen kirchliche Dogmen. Deismus als philosophisch-moralische Religion. Bestimmung des Menschen: Einsicht in die Herrschaft der Vernunft → Beförderung der Tugend, Beseitigung der aus Unkenntnis entstandenen Missstände. Daher Optimismus, Verständnis der Welt als „der besten aller Welten" (Leibniz), bewusst gesetzt gegen „das irdische Jammertal" des Mittelalters, Glaube an Erziehung und Belehrbarkeit; s. a. moralische Zeitschriften zur Belehrung der Leser.

Die Kunst (soll sein Nutzen und Ergötzen) ist geprägt durch überwiegend protestantische gelehrte Autoren. Rückgriff auf die Reinheit antiker Formen, klare Trennung der Gattungen sowie tragischer und komischer Elemente. Richtlinien für die Tragödie: die aristotelischen Einheiten von Handlung, Ort und Zeit. Im Mittelpunkt kein heroischer Held, sondern der durch Willen und Vernunft zur Vollkommenheit strebende Mensch. Die Lyrik ist noch vom französischen Rokoko bestimmt (Schäferspiel, Anakreontik). Lehrgedicht und Fabel werden wegen ihrer moralisierenden Tendenz bevorzugt. Wichtig vor allem sind die dramatische Dichtung und die Reform der Theaterbühnen (Verbannung des Harlekins; Vorbild: Neubersche Theatertruppe). | **Merkmale**

CHRISTIAN FÜRCHTEGOTT GELLERT (1715–1769): Fabeln und Erzählungen mit volkserzieherischer Tendenz als „Hausbuch". | **Autoren und Werke, theoretische Schriften**
JOHANN CHRISTOPH GOTTSCHED (1700–1766): Entscheidende Leistung in der Dichtungstheorie: Er schuf – ähnlich Opitz – ein Regelwerk zur Vervollkommnung deutscher Literatur nach den Vorbildern von Corneille und Sophokles: *Deutsche Schaubühne nach den Regeln und Exempeln der Alten* (1742–1745), *Versuch einer Critischen Dichtkunst vor die Deutschen* (1730). JOHANN JAKOB BODMER (1698–1783): *Critische Abhandlung von dem Wunderbaren in der Poesie* – (1740). GEORG CHRISTOPH LICHTENBERG (1742–1799): Aphorismen.

1720–1785 Aufklärung

GOTTHOLD EPHRAIM LESSING (1729–1781): Höhepunkt und Überwindung aufklärerischer Dichtung. *Briefe, die neueste Literatur betreffend* (1759–1765: *Faust*-Fragment, 17. Literaturbrief mit Hinweis auf Shakespeare); *Laokoon oder Über die Grenzen der Malerei und Poesie* (1766); *Hamburgische Dramaturgie* (1767–1769: Theaterkritiken, Auseinandersetzung mit Aristoteles und Shakespeare).

Drama

Miss Sara Sampson (bürgerliches Trauerspiel, 1755); *Minna von Barnhelm* (1767): Durchbruch zur Charakterkomödie; *Emilia Galotti* (bürgerliches Trauerspiel, 1772): bürgerliche Ehre gegen absolutistische Willkür; *Nathan der Weise* (dramatisches Gedicht, 1779): 5-hebiger Jambus (Blankvers) wird zum Dramenmetrum. Hintergrund: theologischer Streit mit Hauptpastor Goeze. Humanitätsdichtung, s. die Ringparabel: Toleranzforderung.

Textbeispiel

IMMANUEL KANT: *Was ist Aufklärung? (1784, Ausschnitt)*
Aufklärung ist der Ausgang des Menschen aus seiner selbstverschuldeten Unmündigkeit. Unmündigkeit ist das Unvermögen, sich seines Verstandes ohne Leitung eines anderen zu bedienen. Selbstverschuldet ist diese Unmündigkeit, wenn die Ursache derselben nicht am Mangel des Verstandes, sondern der Entschließung und des Mutes liegt, sich seiner ohne Leitung eines anderen zu bedienen. Sapere aude! Habe Mut, dich deines eigenen Verstandes zu bedienen! ist also der Wahlspruch der Aufklärung. […]

Sturm und Drang (1767–1785)

Begriff

Drama *Sturm und Drang* (1776, ursprünglich *Wirrwarr*) von MAXIMILIAN KLINGER als Namensgeber der weitgehend auf Deutschland beschränkten Bewegung („Genie-Periode") junger Schriftsteller, die sich in Straßburg und Frankfurt um GOETHE sammeln (Klinger, Lenz, Wilhelm Müller, Wagner), in Schwaben um SCHUBART und SCHILLER.

Historischer Hintergrund

Fürstenwillkür absolutistischer Herrscher einerseits, Forderung nach Menschenrechten andererseits. Missstände des Despotismus, vor allem in den kleineren und mittleren deutschen Fürstentümern des Südwestens, werden in der Dichtung angeprangert: Prunk, Verschwendungssucht, Mätressenwirtschaft (Vorbild: Versailles), dazu schwere Bedrückung der Untertanen durch Steuern und Soldatenhandel. Dagegen wächst das bürgerliche Ehrgefühl. Gerade an den kleinen Höfen wird aber auch die Kultur gefördert, z. B. von Karl Eugen von Württemberg (Karlsschule → Konflikt mit dem jungen SCHILLER), vor allem von Karl August von Weimar (Freundschaft mit GOETHE).

Geschichtliche Daten

1772 Erste polnische Teilung (Friedrich der Große, Katharina II., Joseph II.)
1776 Unabhängigkeitserklärung der nordamerikanischen Kolonien

Sturm und Drang 1767–1785

JEAN-JACQUES ROUSSEAU (1712–1778): Kulturpessimismus (der durch Kultur verbildete Mensch „verdirbt" seine Umwelt) ist durch bewusste Wahrnehmung (Naturoptimismus) zu überwinden („Zurück zur Natur!"). Das Volk ist der wahre Souverän, es braucht eine natürliche Gesellschaftsordnung (*Le contrat social*, 1762). EDWARD YOUNG (1683–1765): Intuitionen, nicht Anwendung von Kunstgesetzen, prägen das Genie. JOHANN GOTTFRIED HERDER (1744–1803): beschreibt die geschichtliche Entwicklung des Menschen und seiner Schöpfungen, würdigt die Schönheit der natürlichen Sprache und die Gefühlsstärke der Volkskunst. Durch ihn wird Shakespeare, „das außerordentliche Genie mit barbarischen Fehlern" (Voltaire), statt der Franzosen zum Vorbild der jungen Dramatiker. Shakespeare-Aufsatz 1773: „Shakespeare ist des Sophokles Bruder"; nicht Kunstgesetze gelte es zu wahren (gegen die aristotelischen Einheiten von Handlung, Ort und Zeit im Drama), sondern Naturgesetze der Kunst in ihrer jeweiligen individuellen historischen Situation zu erfassen. 1770 Begegnung Herders und Goethes in Straßburg. Anreger des Sturm und Drang: der Pietismus; Lessings Forderung einer dynamischen Figurenführung im Drama; v. a. FRIEDRICH GOTTLIEB KLOPSTOCK (1724–1803): *Der Messias* (1748–1773), Oden (seit 1748), der die Empfindsamkeit, eine stark gefühlsbetonte Richtung innerhalb der Aufklärung (MATTHIAS CLAUDIUS, 1740–1815), zum Höhepunkt bringt und die Lyrik des jungen Goethe nachhaltig beeinflusst.

Geistesgeschichtlicher Hintergrund

Wendung gegen die Erstarrung der lehrhaften Aufklärung und ihrer Vernunftherrschaft, jedoch radikale Weiterführung des Humanitätsgedankens, bezogen auf die Ganzheit menschlichen Wesens. Entfesselung von Phantasie und Gefühl, grenzenloser Individualismus eines „Kraftmenschen". Der Titan Prometheus als Urbild des Originalgenies, des künstlerischen Schöpfers. Neue, elementare Konflikte erwachsen der tragischen Erfahrung des Genies: Unendliches Wollen, endliche Bedingtheit (*Faust*).

Tendenzen

Konflikt mit der Obrigkeit (persönliche Erfahrungen der Stürmer und Dränger), Rebellion gegen fürstlichen und väterlichen Machtmissbrauch. Anprangerung der Standesgrenzen und ihrer Konflikte (eine Heirat zwischen den Ständen ist unmöglich → das „gefallene" Mädchen, s. Goethe, *Faust*: Gretchentragödie). Ablehnung dogmatisch-kirchlicher Normen – Vergöttlichung der Natur. Natürliche Empfindung wird gegen moralisch-geistige Enge, Leidenschaft gegen Vernunft gesetzt. Aber auch Erfahrung persönlicher Schuld (Goethe und Friederike Brion). Politisch-revolutionäre Gedanken vor allem bei Schubart und beim jungen Schiller, schwärmerische Empfindsamkeit beim jungen Goethe und bei Lenz. Erlebnislyrik: Individueller Ausdruck persönlichen Schicksals (z. B. Goethe: Sesenheimer Lieder). Themen im Drama: politische und menschliche Freiheit, der Einzelne und die Gesellschaft (GOETHE: *Götz von Berlichingen*, SCHILLER: *Die Räuber*, *Kabale und Liebe*, *Fiesco*). Standesschranken und wahre Liebe (SCHILLER: *Kabale und Liebe*; LENZ: *Die Soldaten*; WAGNER: *Die Kindermörderin*). Formal: „Fetzenszenen" unter dem Einfluss Shakespeares, Knittelverse und freie Rhythmen, Explosivstil. Briefroman: Goethes *Werther* als höchste Subjektivierung persönlichen Leides prägt eine Generation. Schlüsselwort: Herz.

Merkmale

1767–1785 Sturm und Drang

Autoren und Werke

GOTTFRIED AUGUST BÜRGER (1747–1794): volkstümliche Kunstballade *Lenore*, Gedichte, Münchhausen-Geschichten, Übersetzungen. JOHANN WOLFGANG VON GOETHE (1749–1832): Dramen *Götz von Berlichingen mit der eisernen Hand* (1773), *Clavigo* (1774), *Stella* (1776), *Urfaust* (begonnen 1772). Briefroman *Die Leiden des jungen Werthers* (1774). Gedichte der Straßburger und Frankfurter Zeit (1775), Hymne *Prometheus*; s. a. Klassik. JAKOB MICHAEL REINHOLD LENZ (1751–1792): tragische Gestalt im Umkreis Goethes. *Der Hofmeister* (1774), *Die Soldaten* (1776). FRIEDRICH SCHILLER (1759–1805): *Die Räuber* (1781), *Die Verschwörung des Fiesco zu Genua* (1783), *Kabale und Liebe* (1784); s. a. Klassik, S. 14.

Textbeispiel

FRIEDRICH SCHILLER: *Die Räuber (1781, Ausschnitt aus V, 2)*
RÄUBER MOOR: O über mich Narren, der ich wähnete die Welt durch Greuel zu verschönern, und die Gesetze durch Gesetzlosigkeit aufrecht zu halten. Ich nannte es Rache und Recht – Ich maßte mich an, o Vorsicht, die Scharten deines Schwerts auszuwetzen und deine Parteilichkeiten gutzumachen – aber – O eitle Kinderei – da steh ich am Rand eines entsetzlichen Lebens, und erfahre nun mit Zähneklappern und Heulen, dass zwei Menschen wie ich den ganzen Bau der sittlichen Welt zugrund richten würden. Gnade – Gnade dem Knaben, der Dir vorgreifen wollte – Dein eigen allein ist die Rache. Du bedarfst nicht des Menschen Hand. Freilich stehts nun in meiner Macht nicht mehr, die Vergangenheit einzuholen – schon bleibt verdorben, was verdorben ist – was ich gestürzt habe, steht ewig niemals mehr auf – Aber noch blieb mir etwas übrig, womit ich die beleidigte Gesetze versöhnen, und die misshandelte Ordnung wiederum heilen kann. Sie bedarf eines Opfers – eines Opfers, das ihre unverletzbare Majestät vor der ganzen Menschheit entfaltet – dieses Opfer bin ich selbst. Ich selbst muss für sie des Todes sterben.

Klassik (1786–1805)

Begriff

Bezeichnung für kulturelle Höhepunkte, z. B. Zeitalter des Perikles (griechische Klassik), Zeitalter des Augustus (römische Klassik), Zeitalter Königin Elisabeths I. (englische Klassik). Seit der Renaissance Bezug auf griechische Kunstideale. Die „Weimarer Klassik", geprägt durch Goethe und Schiller, wird begrenzt von Goethes italienischer Reise (1786) und Schillers Tod (1805). Der umfassende Begriff „Goethezeit" beginnt bei Herders Begegnung mit Goethe (1770) und bezieht Sturm und Drang, Klassik und Romantik bis zu Goethes Tod (1832) ein.

Historischer Hintergrund

Die Französische Revolution mit ihrer Forderung „Freiheit, Gleichheit, Brüderlichkeit", dem Ringen um eine bürgerliche Verfassung, der Prägung des Begriffs „Nation", der Erfahrung einer revolutionären Diktatur und der Überwindung dieser Phase durch Napoleon Bonaparte geben dem 19. Jahrhundert die Grundstrukturen: Nationalismus, Liberalismus, Imperialismus. Mit den politischen Vorgängen in Frankreich setzen sich die deutschen Intellektuellen und Künstler philosophisch, nicht politisch auseinander – teils mit Begeisterung, teils mit Abscheu. Goethe bleibt distanzierter Betrachter: 1792 am Vorabend der Schlacht gegen

Frankreich bei Valmy: „Von hier und heute geht eine neue Epoche der Weltgeschichte aus und Ihr könnt sagen, Ihr seid dabei gewesen." Sympathien gelten vielen Forderungen der „citoyens"; das übernationale Menschheitsideal der Klassik, das eine Versöhnung mit der Wirklichkeit erstrebt, kann aber mit der blutigen politischen Realität nicht in Einklang gebracht werden. Die Weimarer Klassik bleibt daher unpolitisch. Die nationalen Ideen des Sturm und Drang werden erst in der Romantik aufgegriffen.

1789 Französische Revolution

Geschichtliche Daten

Geistiger Hintergrund des deutschen Idealismus ist die Philosophie IMMANUEL KANTS (1724–1804), seine Metaphysik, seine Pflichtethik und die Lehre vom Schönen und Erhabenen. Metaphysik ist nicht mehr Wissenschaft vom Absoluten, sondern von den Grenzen menschlicher Vernunft. Erkenntnisse beruhen auf Erfahrungen und ihrer Verbindung mit dem Sittengesetz. Als Person ist der Mensch gebunden an das Naturgesetz, er folgt äußeren Einflüssen; als Persönlichkeit ist er ausgerichtet auf seine Vernunft und daher frei. Erst die Achtung vor dem Sittengesetz und die Befolgung der ethischen Verpflichtung machen das menschliche Tun moralisch – daher die Unbedingtheit des „kategorischen Imperativs" (s. Aufklärung). Drei Postulate: Freiheit des sittlichen Tuns, Unsterblichkeit des sittlich Handelnden, Gott als Bürge dieser Sittlichkeit. In seiner Ästhetik entwirft Kant die Lehre vom Schönen, das lediglich Wohlgefallen erregt, und vom Erhabenen, das die Idee der Unendlichkeit aufzeigt, sowie die Vorstellung vom Genie, durch das die Natur der Kunst erst die Regeln gibt; einzigartiges Vorbild: die Griechen.
Schiller ist seit 1792 nachhaltig von Kant, vor allem der Sittenlehre, beeinflusst, deren Härte er allerdings seinen Begriff der Harmonie, der Versöhnung zwischen Sittlichkeit und Vernunft, Pflicht und Neigung in der „schönen" (edlen) Seele entgegensetzt (Idealismus der Vernunft). Goethes anschaulich-naturgebundenen Vorstellungen entspricht mehr die Lehre vom Schönen und Erhabenen (Idealismus der Natur). JOHANN JOACHIM WINCKELMANNS (1717–1768) Vorstellung von „edler Einfalt und stiller Größe" der griechischen Kunst wird zum Schönheitsideal der Klassik, die eine Einheit von Seele, Geist und Körper erstrebt. WILHELM VON HUMBOLDT (1767–1835), Sprachforscher und preußischer Bildungsreformer, orientiert die humanistische Bildung am griechischen Vorbild.

Geistesgeschichtlicher Hintergrund

Idealvorstellungen der Weimarer Klassik: Natur und Welt sind ein geordneter Organismus, frei von Willkür und Gewalt. Die höchste Bestimmung des Menschen ist die harmonische Entfaltung aller seiner Kräfte; aus Reifung und Läuterung erwächst die Vereinigung mit dem Weltkosmos, der Weltseele. Das Geistige ist Ursprung, Gegenwart und letzter Sinn alles Seienden, das Kunstwerk ist sein Widerschein, wenn es Geist und Form zum Ausgleich bringt, Maß und Vollendung in der Form gewinnt. Das griechische (klassische) Schönheitsideal (das Reine, Schöne, Wahre, Gute sind eins) ist in Iphigenie verkörpert. Aus der Aufklärung werden die Humanitätsidee und der Toleranzgedanke übernommen und vertieft in der Vorstellung des allseitig vollendeten Menschentums. Seit dem Sturm und Drang bestimmt ein tiefes Empfinden die Dichtung; die Klassik bändigt nun die Formlo-

Tendenzen und Merkmale

sigkeit des Gefühls, sie „reinigt" es. Der tragische „Wertekonflikt" wird durch Sittlichkeit überwunden; sie ermöglicht auch eine Aussöhnung mit der Gesellschaft (Schillers Briefe zur Ästhetischen Erziehung). In Goethes Dichtung wird das tragische Individuum (Egmont, Faust) durch Selbstzucht oder Liebe und Gnade in das Weltganze aufgenommen. Bei Schiller ist das irdische Scheitern tragischer Charaktere (Wallenstein, Maria Stuart) Erfüllung schicksalhafter Fügung, bedeutet jedoch Gewinn innerer Freiheit.

Bei Hölderlin entsteht tragisches Leid durch Götterferne (*Empedokles*; s.a. seinen Brief „So kam ich unter die Deutschen" aus *Hyperion*).

Textbeispiele

JOHANN WOLFGANG VON GOETHE: *Urworte, Orphisch ΔΑΙΜΩΝ, Dämon (1817)*
Wie an dem Tag, der dich der Welt verliehen,
Die Sonne stand zum Gruße der Planeten,
Bist alsobald und fort und fort gediehen
Nach dem Gesetz, wonach du angetreten.
So musst du sein, dir kannst du nicht entfliehen.
So sagten schon Sibyllen, so Propheten;
Und keine Zeit und keine Macht zerstückelt
Geprägte Form, die lebend sich entwickelt.

JOHANN WOLFGANG VON GOETHE: *Vermächtnis (1829, Ausschnitt)*
Kein Wesen kann zu Nichts zerfallen!
Das Ew'ge regt sich fort in allen,
Am Sein erhalte dich beglückt!
Das Sein ist ewig; denn Gesetze
Bewahren die lebend'gen Schätze,
Aus welchen sich das All geschmückt. […]

Autoren und Werke

JOHANN WOLFGANG (VON) GOETHE (1749–1832): geprägt durch bürgerliche Herkunft. Begegnung mit Herder. Beginn der Erlebnislyrik: Sesenheimer Lieder. Bewältigung persönlichen Leides im *Werther*. Begegnung mit Karl August von Weimar, seit 1775 staatspolitische Tätigkeit und Naturforschung, Aufnahme am Weimarer „Musenhof". Entscheidende Freundschaft mit Charlotte von Stein – Entsagung. 1786/87, während der italienischen Reise Wandlung des Literaturverständnisses. *Iphigenie* wird ins klassische Versmaß gesetzt (vorher Prosa). Seit 1794 Freundschaftsbund mit Schiller.

In ihren klassischen Dramen erstreben Goethe und Schiller ein Ebenmaß der Form, erreicht durch Konzentration: Beschränkung der Personenzahl und der Schauplätze, Neigung zu Sentenz und überzeitlich gültiger Aussage. In der Lyrik greifen sie strenge, meist antike Formen auf: Ode, Hymne, Distichon, Stanze, Sonett; sie verwenden aber auch freie Rhythmen.

Dramen: *Iphigenie* (1787), *Egmont* (1788), *Torquato Tasso* (1790), *Faust, ein Fragment* (1790), *Faust I* (1808), *Faust II* (1831/32). Gedichte (1789), *Römische Elegien* (1795), *Balladen* (1798), *Sonette* (1815), *West-östlicher Divan* (1819). *Urworte orphisch* (1817; das Göttliche und die Bestimmung des Menschen sind Themen von Goethes Gedankenlyrik), *Trilogie der Leidenschaft* (1827). Epos *Hermann und Dorothea* (1797). Romane

Wilhelm Meisters Lehrjahre (1795/96), *Die Wahlverwandtschaften* (1809; in Form und Inhalt am Übergang zur Romantik), *Wilhelm Meisters Wanderjahre* (1821). *Dichtung und Wahrheit* (ab 1811).

FRIEDRICH SCHILLER (1759–1805): geprägt durch verordnete Ausbildung auf der Hohen Karlsschule (Militärakademie Karl Eugens in Stuttgart). Seit der Flucht nach Mannheim nach der Uraufführung der *Räuber* vergeblicher Versuch, als Theaterschriftsteller zu existieren. Beschäftigung mit historischen und philosophischen Fragen. 1791 Professur für Geschichte in Jena. Seit 1795 Herausgebertätigkeit *Die Horen*, seit 1796 *Musenalmanach*. 1799 Übersiedlung nach Weimar. Schwere Erkrankung. Dramen: *Don Carlos* (1787), *Wallenstein* (Trilogie, 1798/99), *Maria Stuart* (1800), *Die Jungfrau von Orleans* (1801), *Die Braut von Messina* (1803; Versmaß, Chor und analytische Methode erinnern an die griechische Tragödie), *Wilhelm Tell* (1804). Lyrik: Gedankenlyrik (1795/96; die Lehrgedichte entwickeln moralisch-ethische Gedanken), Balladen (1797/98). Ästhetische Schriften: *Über Anmut und Würde* (1793), *Vom Erhabenen* (1793), *Über die ästhetische Erziehung des Menschen* (1795), *Über naive und sentimentalische Dichtung* (1795/96). Historische Schriften: *Geschichte des Abfalls der Vereinigten Niederlande* (1788), *Geschichte des Dreißigjährigen Krieges* (1791/92).

FRIEDRICH HÖLDERLIN (1770–1843): gequält durch ungesicherte wirtschaftliche Existenz (Hauslehrer). Unerfüllte Liebe zu Susette Gontard (Diotima), Mutter seines Frankfurter Schülers. Das tragische Lebensschicksal endet im Wahnsinn: Seit 1806 bis zu seinem Tod lebt er bei einem Handwerker im Tübinger „Turm". Der sakrale Charakter seiner Oden und Hymnen und die vaterländische Thematik befremden die Weimarer Klassiker; Schiller weist Hölderlin zurück. Hymnen und Elegien (1793), lyrischer Briefroman *Hyperion* (1797/99), Dramenfragment *Empedokles* (1797), Gedichte (1799), späte Lyrik (1801–1808).

FRIEDRICH SCHILLER: *Das Lied von der Glocke (1799, Ausschnitte)*
Freiheit und Gleichheit! hört man schallen,
Der ruh'ge Bürger greift zur Wehr,
Die Straßen füllen sich, die Hallen,
Und Würgerbanden ziehn umher, […]
Nichts Heiliges ist mehr, es lösen
Sich alle Bande frommer Scheu,
Der Gute räumt den Platz dem Bösen,
Und alle Laster walten frei.

Gefährlich ist's, den Leu zu wecken,
Verderblich ist des Tigers Zahn,
Jedoch der schrecklichste der Schrecken,
Das ist der Mensch in seinem Wahn. […]

Textbeispiele

FRIEDRICH SCHILLER: *Die Worte des Wahns (1800, Ausschnitt)*
Drum edle Seele, entreiß dich dem Wahn
Und den himmlischen Glauben bewahre!
Was kein Ohr vernahm, was die Augen nicht sahn,
Es ist dennoch das Schöne, das Wahre!
Es ist nicht draußen, da sucht es der Thor,
Es ist in dir, du bringst es ewig hervor. [...]

FRIEDRICH SCHILLER: *Über die ästhetische Erziehung (1801, Ausschnitt)*
In einem wahrhaft schönen Kunstwerk soll der Inhalt nichts, die Form aber alles tun; denn durch die Form allein wird auf das Ganze des Menschen, durch den Inhalt hingegen nur auf einzelne Kräfte gewirkt. Der Inhalt, wie erhaben und weitumfassend er auch sei, wirkt also jederzeit einschränkend auf den Geist, und nur von der Form ist wahre ästhetische Freiheit zu erwarten.

FRIEDRICH HÖLDERLIN: *Lebenslauf (1800)*
Größers wolltest auch du, aber die Liebe zwingt
   All uns nieder, das Laid beuget gewaltiger,
     Doch es kehret umsonst nicht
        Unser Bogen, woher er kommt.

Aufwärts oder hinab! herrschet in heil'ger Nacht,
   Wo die stumme Natur werdende Tage sinnt,
     Herrscht im schiefesten Orkus
        Nicht ein Grades, ein Recht noch auch?

Diß erfuhr ich. Denn nie, sterblichen Meistern gleich,
   Habt ihr Himmlischen, ihr Alleserhaltenden,
     Dass ich wüsste, mit Vorsicht
        Mich des ebenen Pfads geführt.

Alles prüfe der Mensch, sagen die Himmlischen,
   Dass er, kräftig genährt, danken für Alles lern',
     Und verstehe die Freiheit,
        Aufzubrechen, wohin er will.

Romantik (1795–1835)

Begriff

frz. romance, engl. romantic: bezeichnet zunächst den volkstümlich-höfischen Versroman des Mittelalters im Unterschied zur lateinischen Dichtung. Ab 1740 etwa gleichbedeutend mit: phantasievoll, schwämerisch; auch als Bezeichnung für eine wilde, malerische Landschaft: die romantische Kulisse. Seit 1770 Sammelbegriff für nördlich-germanische und südlich-romanische Kultur im Gegensatz zur Antike. FRIEDRICH SCHLEGEL und NOVALIS führen die Bezeichnung für die Dichtung ein; NOVALIS setzt „romantisch" für „poetisch": „[…] indem ich dem Gewöhnlichen ein geheimnisvolles Ansehen, […] dem Endlichen einen unendlichen Sinn gebe, so romantisire ich es."

Frühromantik oder ältere Romantik (1796–1802): Junge Schriftsteller, u. a. die Brüder Schlegel und Novalis, treffen sich in Jena. Hochromantik (nach 1805): hauptsächlich in Heidelberg. Spätromantik (nach 1813): vor allem in Berlin. Fließender Übergang in die neuen literarischen Bewegungen von „Biedermeier" und „Realismus". *Phasen*

Prägendes Ereignis: Die Französische Revolution (1789) mit der Forderung „Freiheit, Gleichheit, Brüderlichkeit". Bürgerliche besinnen sich auf Menschenrechte „für alle", denken an europäische Gemeinsamkeit. Gleichzeitig wird der Begriff „Nation" wichtig, die geschichtliche Identität des Vaterlandes. Patriotismus erwacht in den Kämpfen gegen Napoleon, u. a. ERNST MORITZ ARNDT, THEODOR KÖRNER, JOSEPH VON EICHENDORFF nehmen teil. Auseinandersetzung mit den Möglichkeiten gewaltfreier Reform (z. B. Stein und Hardenberg in Preußen) und gewaltsamer Veränderung. *Historischer Hintergrund*

Nach dem nationalen Aufbruch führt die Ernüchterung durch die restaurative Politik seit dem Wiener Kongress 1815 (z. B. die Buch- und Pressezensur) einerseits zum Rückzug in die private Idylle des Biedermeier (1815–1848), andererseits zur politisch-revolutionären Literatur im Jungen Deutschland (1830–1848).

Erwachen geschichtlichen Denkens, Interesse am Mittelalter als dem nationalen Ursprung, zugleich religiöse Überhöhung dieser Epoche; „Es waren schöne glänzende Zeiten, wo Europa ein christliches Land war, wo *eine* Christenheit diesen menschlich gestalteten Welttheil bewohnte; *ein* großes gemeinschaftliches Interesse verband die entlegensten Provinzen dieses weiten geistlichen Reiches" (Novalis: *Die Christenheit oder Europa*). Beginn historischer Forschung, vor allem Sprachforschung, durch die Brüder Grimm und Sammlung von Werken der Vergangenheit: Volksbücher, Volksmärchen (*Kinder- und Hausmärchen*, hrsg. von den Brüdern GRIMM, 1812), Volkslieder (*Des Knaben Wunderhorn*, hrsg. von ACHIM VON ARNIM und CLEMENS BRENTANO, 1805/08). *Hinwendung zur Geschichte*

1805 Niederlage der Österreicher und Russen gegen Napoleon bei Austerlitz. 1806 Auflösung des Heiligen Römischen Reiches Deutscher Nation. 1806 Zerschlagung des preußischen Heeres bei Jena und Auerstedt. 1813–15 Befreiungskriege gegen Napoleon. 1813 Völkerschlacht bei Leipzig. 1814/15 Wiener Kongress *Geschichtliche Daten*

Gegen Spätaufklärung und Rationalismus (Vorwurf der Entpoetisierung und des Verlustes ganzheitlicher Weltanschauung) knüpft die Romantik an die mystische Frömmigkeit des Pietismus und den schrankenlosen Individualismus des Sturm und Drang ebenso wie an Herders Arbeiten zu Volkstum und Geschichte an. Klassische Formvollendung lehnt sie ab. Der Philosoph JOHANN GOTTLIEB FICHTE (1762–1814): betont die Absolutheit des schöpferischen Ichs (Wissenschaftslehre, 1794). Seine *Reden an die deutsche Nation*, 1807/08 in Berlin, vertreten den Gedanken der *Geistesgeschichtlicher Hintergrund*

Erneuerung der Nation durch Erziehung – Rückgriff auf Kants optimistische Annahme einer Höherentwicklung des Menschen durch den Gebrauch der Vernunft. FRIEDRICH WILHELM SCHELLING (1775–1854) entwirft im Anschluss an Spinozas Pantheismus und an Fichte seine Naturphilosophie, die alle Gegensätze zu vereinigen sucht und eine Identität von Realem und Idealem feststellt. FRIEDRICH ERNST DANIEL SCHLEIERMACHER (1768–1834) formuliert den Zusammenhang von Poesie und Religion: „Sich mit dem Ewigen eins fühlen."

Tendenzen und Merkmale

Die Romantik gilt als letzte Stufe des Idealismus nach Sturm und Drang und Klassik. Ihre Kunstanschauung ist eine Verbindung von Gegensätzen, Friedrich Schlegel: „Die romantische Poesie ist eine progressive Universalpoesie. Ihre Bestimmung ist nicht bloß, alle getrennten Gattungen der Poesie wieder zu vereinigen und die Poesie mit der Philosophie und Rhetorik in Berührung zu sehen. Sie will, und soll auch, Poesie und Prosa, Genialität und Kritik, Kunstpoesie und Naturpoesie bald mischen, bald verschmelzen, die Poesie lebendig und gesellig, und das Leben und die Gesellschaft poetisch machen […]" Der Dichter erschließt nach Novalis Verborgenes: „Nach Innen geht der geheimnisvolle Weg. In uns, oder nirgends ist die Ewigkeit mit ihren Welten […]" Raum und Zeit, Anfang und Ende, Vergangenheit und Zukunft, Wirklichkeit und Möglichkeit, Poesie und Welt, Gott und Mensch bzw. Natur fallen in einer unendlichen „letzten Erkenntnis der Wahrheit" zusammen. Sinnbild ist die „Blaue Blume", das Bild der Göttin der Weisheit. Todeserlebnis und Todessehnsucht, Offenbarung der Wahrheit im Traum (u. a. bei Novalis) sind Grunderfahrungen. Die Motive des Unterwegsseins (Wandern, Reisen als Sinnbild des Suchens und Findens), der Sehnsucht und des Heimwehs („Wo gehen wir hin?" – „Immer nach Haus." Novalis), der Natur als innig vertraute, aber auch lockend-verführende Spiegelung des Unbewussten bestimmen die romantische Dichtung. Häufige Bilder sind: kühler Grund, Waldestiefe, Wildbach, Mühlrad, Ruinen, Marmorgestalten, Dämmerung, Mondnacht. Die Vorstellung einer Verschmelzung von Dichtung, Malerei und Musik zeigt sich sprachlich in der Synästhesie, der Vereinigung mehrerer Sinneswahrnehmungen: „Golden weh'n die Töne nieder" (Clemens Brentano).

Volksmärchen Kunstmärchen Volkslied Kunstlied

In den Volksmärchen, Volksbüchern und Volksliedern sehen die Romantiker Zeugnisse der „Kindheit" ihres Volkes. Ziel ist die Überwindung der Gespaltenheit der Welt durch Rückverwandlung allen Wissens ins Unbewusst-Kindliche, Unschuldige, das „geahnt", „erlauscht", angedeutet wird: „seltsam", „merkwürdig", „wundersam". Die magische Wunderwelt der schönsten Poesie des Volkes (nach Herder) zeigt sich vor allem im Märchen. Die Kunstmärchen der Romantik und die im Volksliedton gehaltenen Gedichte verbinden Einfachheit und hohe Künstlichkeit.

Roman

Der Roman ist *die* Form romantischer Dichtung; Gedichte und Kunstmärchen sind zunächst Bestandteile dieser dem Gedanken einer Universalpoesie am ehesten entsprechenden Form (Gedichtsammlungen gibt es erst seit der Spätromantik). GOETHES *Wilhelm Meister* gilt als Vorbild für einen Entwicklungsroman, wie ihn die Romantiker erstreben; allerdings bleibt der romantische Roman zumeist Fragment (z. B. NOVALIS: *Heinrich von Ofterdingen*), weist aber z. B. mit den dämonischen Nacht-

und Schattengestalten bei E.T.A. HOFFMANN und der Verschränkung von Traum/Albtraum und Wirklichkeit bereits in die Moderne (E.A. POE, KAFKA).
Die romantischen Märchen greifen auf Figuren und Motive der Volksbücher (z.B. Genoveva, Undine, Magelone, Reineke Fuchs) zurück. Mit ihrer Durchbrechung der Wirklichkeit (NOVALIS, TIECK, BRENTANO, HAUFF, FOUQUÉ) werden sie zu Trägern politischer Aussage (z.B. Brentano: *Das Märchen von dem Rhein...*).
Die strenge Form des Dramas wird abgelehnt als der formen- und gattungsübergreifenden romantischen Poesie nicht gemäß.

Die absolute Freiheit des dichterischen Geistes (FICHTE), sich über alles, auch das eigene Werk, zu erheben, frei der Phantasie zu folgen und sie auch willkürlich wieder zu zerstören, führt zum Kunstmittel der romantischen Ironie. Aus der Dialektik von Traum und Bewusstsein, Irrealität und Realität erwächst der Zwang zur Zerstörung selbst geschaffener Illusion (am schärfsten ausgeprägt bei HEINE). Heute wird in der Gefährdung und Zerrissenheit romantischer Menschen – noch vor solcher Darstellung bei GEORG BÜCHNER – der Ansatz zur Moderne gesehen: in den Elementen der Bewusstseinsspaltung, der Überschneidung von Realität und Irrealität.

Romantische Ironie

JEAN PAUL (Jean Paul Friedrich Richter, 1763–1825): Anreger der romantischen Schule, erster großer Humorist der deutschen Literatur. Er erhebt den Roman zur führenden Gattung in Deutschland: *Siebenkäs* (1796/97), *Titan* (1800/03), *Flegeljahre* (1804/05).

Autoren und Werke

FRIEDRICH SCHLEGEL (1772–1829), Theoretiker, Kultur- und Kunstphilosoph: Sein Roman *Lucinde* (1799) löst aus moralischen Gründen einen Skandal aus. Mit seinem Bruder, AUGUST WILHELM SCHLEGEL (1767–1845), dem Literaturkritiker und Übersetzer, gibt er die programmatische Zeitschrift *Athenäum* heraus.
NOVALIS (Friedrich von Hardenberg, 1772–1801), Philosoph, Dichter, Mystiker, Jurist und Naturwissenschaftler (Bergassessor): gilt als typische Gestalt des romantischen Dichters. Alle wesentlichen Motive der Zeit erscheinen bei ihm. Er verbindet philosophische Spekulation mit Prophetie, kindliche Frömmigkeit mit scharfem Intellekt. Sein Schlüsselerlebnis: der Tod der 15-jährigen Braut Sophie von Kühn. In den *Hymnen an die Nacht* (1797), Gesängen vom unendlichen Reich der Poesie, von Traum, Tod und göttlicher Liebe, einer lebendigen Einheit aller Gegensätze, zeigt sich ein pantheistisches Weltbild. Weitere Werke: Fragmentensammlung *Blüthenstaub* (1798). *Die Christenheit oder Europa* (1799): Vision einer neuen abendländischen Universalkultur im wieder gefundenen Katholizismus (viele Romantiker konvertierten). Romanfragment *Heinrich von Ofterdingen* (1798–1801): innere Entwicklung eines Minnesängers.
LUDWIG TIECK (1773–1853): Kunstmärchen, z.B. *Der blonde Eckbert*, *Ritter Blaubart*. Künstlerroman *Franz Sternbalds Wanderungen* (1798), Komödie *Der gestiefelte Kater* (1797), Shakespeare-Übersetzungen.

Frühromantik 1796–1802

Anders als in der auf Universalität gerichteten Frühromantik jetzt Besinnung auf Nationalität, Volkstümlichkeit. ACHIM VON ARNIM (1781–1831): Romane, Novellen,

Hochromantik nach 1805

groteske Erzählungen; Herausgabe der Volksliedsammlung *Des Knaben Wunderhorn* (1806–1808) mit CLEMENS BRENTANO (1778–1842), der Märchen und Gedichte schrieb. Brüder JACOB UND WILHELM GRIMM: Sammlung der *Kinder- und Hausmärchen* (1812 ff.). Sprachwissenschaftliche Arbeiten, *Deutsches Wörterbuch*.

Spätromantik nach 1813

JOSEPH VON EICHENDORFF (1788–1857): populärster romantischer Lyriker. Religiöse Themen. Abwendung von der Realität und Jenseitssehnsucht sind auch Zeitkritik. Roman *Ahnung und Gegenwart* (1815), märchenhafte Novellen *Aus dem Leben eines Taugenichts* (1826), *Das Marmorbild* (1818).

E.T.A. (Ernst Theodor Amadeus) HOFFMANN (1776–1822): Vorläufer surrealistischer Dichtung, zugleich Realist (z. B. *An Vetters Eckfenster*), vermengt genaue Beobachtung der Wirklichkeit mit Dämonisch-Unwirklichem; das Unheimliche zeigt sich in der menschlichen Natur (s. die Erzählung *Der Sandmann*). Doppelgängermotiv im Roman *Die Elixiere des Teufels* (1815/16). Novellen, z. B. *Das Fräulein von Scudery* (1819–1821).

Frauen in der Romantik

Kulturelle Bedeutung der häufig von Frauen geführten literarischen Salons (Rahel Varnhagen, Henriette Hertz u. a.). BETTINA VON ARNIM (1785–1859): soziales Engagement: *Armenbuch* (1844); *Goethes Briefwechsel mit einem Kinde* (1835). Zugrunde liegen die Gespräche Bettinas mit Goethes Mutter. KAROLINE VON GÜNDERODE (1780–1806): Lyrikerin. Die fehlende Anerkennung als Dichterin und Partnerin treibt sie in den Selbstmord.

Kleist

HEINRICH VON KLEIST (1777–1811, Selbstmord): scheitert an der Gesellschaft, die ihn als Dichter und freien Schriftsteller nicht unterstützt, und an seiner Überforderung menschlicher Beziehungen. Der preußische Königshof akzeptiert sein „Hohenzollerndrama" *Prinz Friedrich von Homburg* nicht. Kanzler Hardenberg verwehrt ihm die finanzielle Unterstützung für seine *Berliner Abendblätter*. Goethe weist den Dichter Kleist schroff zurück. Kleist, der bedeutendste Dramatiker nach Schiller, schrieb u. a.: *Die Familie Schroffenstein* (1803), *Penthesilea* (1808), *Das Käthchen von Heilbronn* (1810). *Der zerbrochne Krug* (1811, Charakterkomödie), *Prinz Friedrich von Homburg* (1810). Erzählungen: u. a. *Michael Kohlhaas* (1810) und den Aufsatz *Über das Marionettentheater* (1810).

Textbeispiel

JOSEPH VON EICHENDORFF: *Mondnacht (1837)*
Es war, als hätt' der Himmel
Die Erde still geküsst,
Dass sie im Blüthen-Schimmer
Von ihm nun träumen müsst.

Die Luft ging durch die Felder,
Die Aehren wogten sacht,
Es rauschten leis die Wälder,
So sternklar war die Nacht.

Und meine Seele spannte
Weit ihre Flügel aus,
Flog durch die stillen Lande,
Als flöge sie nach Haus.

Biedermeier (1815–1848)

Abgeleitet von Ludwig Eichrodts Parodie auf den treuherzigen Spießbürger, den „Schwäbischen Schullehrer Gottlieb Biedermaier" (1850–1857). Übertragen auf bürgerliche Wohnkultur und Genremalerei (Spitzweg). Dann Schlagwort für die restaurative Phase bürgerlicher Beschaulichkeit zwischen Wiener Kongress und Revolution von 1848. Läuft z. T. parallel zur Spätromantik und zu der politisch engagierten literarischen Bewegung des „Jungen Deutschland" oder des „Vormärz". *Begriff*

Kulturell wie politisch prägend sind zwei gegensätzliche Strömungen: Beharren, Restauration, Rückzug in die private Idylle einerseits, politisches Engagement für Fortschritt und Revolution andererseits. Die industrielle Revolution, ausgehend von England, bewirkt bedeutende wirtschaftliche und politische Veränderungen: Das Bürgertum erstarkt, der Wirtschaftsliberalismus (Adam Smith) führt zu ungehemmter wirtschaftlicher Konkurrenz. Zu der bürgerlichen Weltanschauung, dem Liberalismus, gehört das Recht ungehinderter Entfaltung des Individuums, ebenso die Forderung nach Menschenrechten und Verfassung. Mit der wirtschaftlichen Expansion entsteht die soziale Frage: Armut der ausgebeuteten Proletarier. Beginn der Arbeiterbewegung, kommunistisch und sozialistisch bestimmt. Forderung nach gesellschaftlicher Veränderung durch Wandel der ökonomischen Voraussetzungen. *Historischer Hintergrund des 19. Jahrhunderts*

Seit den Napoleonischen Kriegen Streben nach einer geeinten Nation (Nationalismus ist eine europäische Bewegung), vielfach verbunden mit sozialen Forderungen. Führende Kräfte sind Professoren und Studenten (Burschenschaften). Entgegen steht Metternichs Beharrungspolitik nach dem Wiener Kongress: Wiederherstellung traditioneller Herrschaftsstrukturen (Papst, Könige) zur Rückkehr in vorrevolutionäre Zustände: „Heilige Allianz" zwischen Russland, Preußen und Österreich. Ergebnis ist eine lange Friedenszeit in Europa, aber auch die Abwehr liberaler Kräfte. Eine nationalstaatliche Gruppierung Europas wird zunächst verhindert. Deutschland ist ein loser Staatenbund mit latentem Dualismus Preußen–Österreich. Das zwar wirtschaftlich, aber nicht politisch emanzipierte Bürgertum pflegt Heim und Familie, abgetrennt von der Politik; der „Nachtwächterstaat" soll Sicherheit und Ordnung garantieren.

1773–1859 Metternich lenkt 40 Jahre lang Österreichs Politik. 1814/15 Wiener Kongress. 1815 Deutscher Bund: 35 Fürsten und 4 freie Reichsstädte. 1815 Jenaer Burschenschaften (Ehre, Freiheit, Vaterland). 1819 Karlsbader Beschlüsse. 1834 (1. Jan.) Deutscher Zollverein. 1835 Eisenbahn Nürnberg-Fürth. 1844 Weberaufstand in Schlesien *Geschichtliche Daten*

1815–1848 Biedermeier

Kultureller Hintergrund Spätromantik

Kein einheitlicher Zeitstil seit dem „Ende der Kunstperiode" (HEINE) mit Goethes Tod 1832. Die Spätromantik bestimmt noch die Musik (Franz Schubert, Robert Schumann, Carl Maria von Weber) bis zu Richard Wagner sowie die Malerei (Caspar David Friedrichs „unermessliche" Landschaft). Die schwäbische Romantik bringt vor allem Lyrik hervor (LUDWIG UHLAND, EDUARD MÖRIKE).

Klassizismus

Architektonische Ausgestaltung der Großstädte (Berlin durch Schinkel; München unter Ludwig I.), Bau repräsentativer Bürgerhäuser als Höhepunkt der Wohnkultur.

Geistesgeschichtlicher Hintergrund

Der Jurist FRIEDRICH KARL VON SAVIGNY (1779–1861) begründet die historische Schule im Bereich des Rechts; mit LEOPOLD VON RANKE (1795–1886) beginnt die empirisch-kritische Geschichtswissenschaft. Entwicklung eines konservativ geprägten Traditionsbewusstseins (Historismus).

Staatsidee Hegels

Der Philosoph FRIEDRICH HEGEL (1770–1831) setzt den Begriff des Staates an die Stelle des romantischen Volksbegriffs. Natur und Geschichte sind einheitliche Erscheinungsformen des Geistes, der Weltvernunft (Gott). Geschichte entwickelt sich dialektisch, jede Stufe hat ihr historisches Recht auf dem Weg zum bestmöglichen Staat. Es gilt, für den Rechtsstaat zu streiten.

Tendenzen und Merkmale

Biedermeier ist bürgerlich gewordene Romantik. Nach den Revolutionskriegen Tendenzen und Bedürfnis nach Ruhe und Ordnung, privatem Glück und innerem Frieden. Einsicht in die Diskrepanz zwischen Ideal und Wirklichkeit, entsagende Anerkennung der Bedingtheit menschlichen Lebens: Selbstbescheidung, Mäßigung, Unterwerfung, Resignation. Die Dichtung ist betont innerlich, oft von verzichtender Melancholie („Doch in der Mitten/liegt holdes Bescheiden", Mörike), schlicht in Sprache und Form. Liebe zum Kleinen, zum Alltäglichen, zur Natur. Genaue und detaillierte Beschreibungen entstehen. Die Tendenz des Bewahrens zeigt sich auch in der Wahl historischer Themen und dem Rückgriff auf das Ideal des Schönen/Guten der Klassik, z. B. bei STIFTER. Es entstehen Stimmungsbilder, Novellen, Kalender- und Almanachgeschichten, Balladen, historische Dramen und Rührstücke.

Autoren und Werke

ANNETTE VON DROSTE-HÜLSHOFF (1797–1848): Novelle *Die Judenbuche* (1842): Mit sparsamen sprachlichen Mitteln entsteht eine erschreckende Realität. Lyrik (1844). FRANZ GRILLPARZER (1791–1872), österreichischer Dramatiker: u. a. *König Ottokars Glück und Ende* (1825), *Des Meeres und der Liebe Wellen* (1831), *Ein Bruderzwist in Habsburg* (1872). KARL IMMERMANN (1796–1840): *Die Epigonen* (1836), *Münchhausen* (1838/39). EDUARD MÖRIKE (1804–1875): Roman *Maler Nolten* (1832): romantische Motive, aber Gestaltung der Personen aufgrund moderner psychologischer Einsichten. Gedichte, Märchen, Novelle *Mozart auf der Reise nach Prag* (1856). ADALBERT STIFTER (1805–1868): Erzählungen *Die Mappe meines Urgroßvaters* (1841/42), *Bunte Steine* (1852). Bildungsroman in der Nachfolge von GOETHES *Wilhelm Meister*: *Der Nachsommer* (1857).

Biedermeier 1815–1848

ADALBERT STIFTER: *Vorrede zu Bunte Steine (1852, Ausschnitt)* — Textbeispiel

[…] Das Wehen der Luft das Rieseln des Wassers das Wachsen der Getreide das Wogen des Meeres das Grünen der Erde das Glänzen des Himmels das Schimmern der Gestirne halte ich für groß: das prächtig einherziehende Gewitter, den Blitz, welcher Häuser spaltet, den Sturm, der die Brandung treibt, den feuerspeienden Berg, das Erdbeben, welches Länder verschüttet, halte ich nicht für größer als obige Erscheinungen, ja ich halte sie für kleiner, weil sie nur Wirkungen viel höherer Gesetze sind. Sie kommen auf einzelnen Stellen vor, und sind die Ergebnisse einseitiger Ursachen. Die Kraft, welche die Milch im Töpfchen der armen Frau empor schwellen und übergehen macht, ist es auch, die die Lava in dem feuerspeienden Berge empor treibt. […]

Vormärz – Das Junge Deutschland (1830–1850)

„**Vormärz**" weist als politisch-progressiver Begriff auf die Zeit der Restauration nach dem Wiener Kongress (1815) bis zur Märzrevolution 1848. **Junges Deutschland**: Der Schriftsteller Ludolf Wienbarg 1834 in seinen *Ästhetischen Feldzügen*: „Dem jungen Deutschland, nicht dem alten widme ich diese Reden." Erst das Verbot ihrer Schriften (1835) als „antichristlich", „gotteslästerlich" bezeichnet die jungen, revolutionären Schriftsteller, u. a. LUDWIG BÖRNE, KARL GUTZKOW, HEINRICH HEINE, HEINRICH LAUBE, als eine Bewegung. Sie ist Teil einer europäischen Jugendbewegung, z. B. Les Jeunes-France, Giovina Italia. — Begriff

Die akademische Jugend vor allem widersetzt sich der Restauration. Das Wartburgfest 1817 (Gedenken an die Reformation und den Kampf gegen Napoleon) wird durch die öffentliche Verbrennung reaktionärer Schriften durch Studenten zum Signal. Nach der Ermordung des vermeintlichen russischen Spions, des Erfolgsschriftstellers August von Kotzebue, durch den Theologiestudenten Karl Ludwig Sand (1819) Erlass der „Karlsbader Beschlüsse": Zensur von Büchern und Zeitungen, Verbot der Burschenschaften, Überwachung der Universitäten („Demagogenverfolgungen"). Nach der Julirevolution in Frankreich (1830) Aufstände vor allem im Südwesten Deutschlands. Forderungen: Bundesreform, Verfassungen, Pressefreiheit, 1832 Hambacher Fest (Jahrestag der bayerischen Verfassung): revolutionäre Reden. 1833 Versuch radikaler Studenten den Frankfurter Bundestag zu stürmen. Verschärfte Verfolgungen, Ausweisung protestierender Göttinger Professoren, u. a. der Brüder GRIMM. — Historischer Hintergrund

1817 Wartburgfest. 1819 Karlsbader Beschlüsse („Demagogenverfolgung"). 1830 Julirevolution in Frankreich. 1832 Hambacher Fest. 1837 Ausweisung der „Göttinger Sieben" (protestierende Professoren, Brüder Grimm). 1848 Märzrevolution. 1848/49 Deutsche Nationalversammlung in der Paulskirche — Geschichtliche Daten

1830–1850 Vormärz – Das Junge Deutschland

Geistesgeschichtlicher Hintergrund

Vernunftethik der Aufklärung, Hegels Geschichtsphilosophie; die Junghegelianer übernehmen seinen Gedanken der Dialektik in der geschichtlichen Entwicklung. LUDWIG FEUERBACH (1804–1872): Natur als Grund des Geistes, Wissenschaft statt Glauben, Sein bestimmt das Bewusstsein – Grundlage für das Denken von KARL MARX (1818–1883) und FRIEDRICH ENGELS (1820–1895), u.a. das *Kommunistische Manifest* (1848). Einfluss von SAINT-SIMON (1760–1825): Erst materielle Gleichheit macht persönliche Freiheit möglich.

Tendenzen und Merkmale

Ablehnung des Absolutismus, der orthodoxen Kirche, des Idealismus von Klassik und Romantik, des Philistertums („Das Leben ist des Lebens höchster Zweck"). Engagement für Presse- und Meinungsfreiheil, Sozialismus, Frauenemanzipation, freie Liebe.

Entstehung eines deutschen Journalismus; Schriftsteller publizieren in den Feuilletons (z. B. BÖRNE, HEINE) u.a. satirische Reisebilder.

Vor allem erzählende Literatur: Zeit- und Gesellschaftsromane unter dem Einfluss von VICTOR HUGO, HONORÉ DE BALZAC, GEORGE SAND, LORD BYRON. Novellen, Reisebriefe, tagebuchartige Skizzen, Aphorismen. Gegen die „Stagnation" der Goethezeit werden Politik und Sozialkritik Anlass der Literatur, einer „Tendenzliteratur". Die Denkweise ist kritisch, zeitnah; die Sprache salopp, provozierend, satirisch.

Autoren und Werke

GEORG BÜCHNER (1813–1837): Aktive Teilnahme am politischen Kampf gegen soziale Missstände und Kleinstaaterei. *Der hessische Landbote* (1834) als erste revolutionäre Kampfschrift. Entscheidender Einfluss auf die Moderne, erst im Naturalismus „wieder entdeckt": Drama *Woyzeck* (als Fragment überliefert): realistische Darstellung der seelischen Zerstörung eines Menschen. Novelle *Lenz* als psychologische Studie. Revolutionsdrama *Dantons Tod* (1835). Komödie *Leonce und Lena* (1836): innere Leere in der feudalen Gesellschaft; groteske und visionäre Züge, expressive Darstellung; optische und akustische Mittel der Darstellung verweisen auf das 20. Jahrhundert.

CHRISTIAN DIETRICH GRABBE (1801–1836): In historischen Dramen realistische, wissenschaftlich gestützte Darstellung: *Die Hohenstaufen* (1829/30), *Napoleon oder Die hundert Tage* (1831), *Die Hermannsschlacht* (1838). Lustspiel *Scherz, Satire, Ironie und tiefere Bedeutung* (1827).

KARL GUTZKOW (1811–1878): Zeitromane, u.a. *Wally, die Zweiflerin* (1835) als unmoralisch verboten. Romantheorie s. *Die Ritter vom Geiste*, Vorwort (1850/51).

HEINRICH HEINE (1797–1856): verkörpert die innere Zerrissenheit eines Menschen an einer Zeitgrenze: zwischen idealistischer Philosophie, ausgehender Romantik und materialistisch gesehener Wirklichkeit, zwischen wahrem Gefühl und weltverachtendem Zynismus: „und ein Narr wartet auf Antwort". Geprägt durch jüdisches Elternhaus (er ließ sich später taufen), Emigration 1831 nach Paris, politische Verfolgung, Hassliebe zu Deutschland (*Nachtgedanken*: „Denk ich an Deutschland in der Nacht / Dann bin ich um den Schlaf gebracht"), schwere Krankheit in den letzten Lebensjahren („Matratzengruft").

Lyrik: *Buch der Lieder* (1827), *Neue Gedichte* (1844), *Romanzero* (1851), Gedichte vom Krankenlager. Prosa: *Reisebilder* (1826–1831), Romanfragment *Der Rabbi von Bacherach* (1840): Thema ist die Unterdrückung der Juden. Versepen *Atta Troll. Ein Som-*

mernachtstraum (1841): Satire auf unkünstlerische Zeitkritik; *Deutschland. Ein Wintermärchen* (1844): beißende Kulturkritik.

GEORG BÜCHNER: *Der Hessische Landbote (Juli 1834, Ausschnitt)* | Textbeispiele
Friede den Hütten! Krieg den Palästen!
Im Jahre 1834 siehet es aus, als würde die Bibel Lügen gestraft. Es sieht aus, als hätte Gott die Bauern und Handwerker am 5ten Tage, und die Fürsten und Vornehmen am 6ten gemacht, und als hätte der Herr zu diesen gesagt: Herrschet über alles Gethier, das auf Erden kriecht, und hätte die Bauern und Bürger zum Gewürm gezählt. […]

HEINRICH HEINE: *Ich hatte einst ein schönes Vaterland (1844)*
Ich hatte einst ein schönes Vaterland.
Der Eichenbaum
Wuchs dort so hoch, die Veilchen nickten sanft.
Es war ein Traum.

Das küsste mich auf deutsch, und sprach auf deutsch
(Man glaubt es kaum
Wie gut es klang) das Wort: „ich liebe dich!"
Es war ein Traum. […]

Realismus (1850–1890)

lat. res = Sache. Sachbezug als Programm einer gesamteuropäischen Literaturbewegung (z. B. STENDHAL, FLAUBERT, DICKENS); in Deutschland der Epoche zwischen dem Scheitern der Revolution von 1848 und dem Ende der Bismarck-Ära. Nach Otto Ludwig „poetischer" oder „psychologischer" Realismus. Das Bürgertum ist Träger von Wirtschaft und Kultur. | Begriff

Die Ära Bismarcks ist geprägt von nationalstaatlichen Einigungsbestrebungen, außenpolitischer Machtdemonstration und erfolgreicher europäischer Vertragspolitik. In der Innenpolitik Disziplinierung (Kulturkampf, Sozialistengesetz), gleichzeitig Sozialpolitik. Mit dem seit 1848 prägenden Gedanken eines Nationalstaats verbindet sich bei zunehmendem Selbstbewusstsein des Bürgertums die Vorstellung einer Weltgeltung Deutschlands: Nationalismus und Imperialismus sind Grundströmungen auch der europäischen Politik bis zum Ersten Weltkrieg. Nach dem Krieg zwischen Preußen und Österreich 1866 Auflösung des Deutschen Bundes; kleindeutsche Nationallösung unter Führung Preußens einerseits, Doppelmonarchie Österreich-Ungarn (Vielvölkerstaat als Keimzelle des Ersten Weltkriegs) andererseits. | Historischer Hintergrund
Versuch einer Lösung der sozialen Frage; 1869 Gründung der Sozialdemokratischen Arbeiterpartei (August Bebel, Wilhelm Liebknecht). Nach dem Deutsch-Französischen Krieg „Gründerjahre", Milliarden von Reparationszahlungen an

1850–1890 Realismus

Deutschland. Seit 1878 Kurswechsel vom Liberalismus zum Konservativismus. Zunehmende außenpolitische Spannungen.

Geschichtliche Daten

1862 Bismarck wird preußischer Ministerpräsident, 1871–1890 Reichskanzler. 1866 Krieg zwischen Österreich und Preußen; Norddeutscher Bund. 1870 Deutsch-Französischer Krieg. 1871 Deutsches Kaiserreich

Kultur- und geistesgeschichtlicher Hintergrund

Der gewaltige Aufschwung in Naturwissenschaft und Technik führt zur Vorstellung der Erklärbarkeit aller Dinge und des Menschen. Entdeckungen und Erfindungen: Röntgenstrahlen (K. Röntgen), Dieselmotor (R. Diesel), drahtlose Telegraphie (K. F. Braun), Elektrizitätslehre (H. Hertz), Pathologie (R. Virchow), Bakteriologie (R. Koch). Auflösung der Religion in der Anthropologie David Friedrich Strauß und Ludwig Feuerbach). Beginn einer materialistischen Naturlehre bei Ludwig Büchner (*Kraft und Stoff*, 1855). Determinismus bei Charles Darwin (*Über den Ursprung der Arten*, 1859), kausalgesetzliche Bedingtheit des Seelenlebens bei Ernst Haeckel.
Archäologische Forschungen (Schliemann: Troja), Geschichtswissenschaft in Verbindung mit politischen Fragen: Heinrich von Treitschke, Theodor Mommsen, Friedrich Meinecke. Illusions- und Glaubenslosigkeit angesichts der Erkenntnis, dass der Mensch einer Kausalkette schicksalhafter Faktoren ausgeliefert ist. gegen die zu kämpfen nur tragisch enden kann (Hebbel). Kulturpessimismus Arthur Schopenhauers (in der Welt sein, heißt leiden, Rettung nur durch Verneinung des Willens zum Leben). Andererseits oberflächlicher Optimismus und Fortschrittsgläubigkeit in weiten Teilen des Bürgertums, dessen Geschmack weitgehend bestimmt wird von Trivialliteratur, z. B. der weit verbreiteten Familienzeitschrift *Die Gartenlaube* (seit 1843).

Tendenzen und Merkmale

Sach- und Dinggebundenheit; Versuch einer objektiven Wirklichkeitsdarstellung. Vorrang der erzählenden Literatur mit genauen Zustandsbeschreibungen. In der Novelle als „Schwester des Dramas" psychologisch eine Charakterisierung, strukturierende Leitmotivik (z. B. STORM: *Der Schimmelreiter*). Novellentheorie von Paul Heyse: Bedeutung des Dingsymbols. Stilistische Objektivierung durch Form der Chronik, Rahmenerzählung, fingierten Erzähler, Rückgriff auf Zeitungsmeldungen und Gesellschaftsnachrichten (FONTANE: *Effi Briest*). Entwicklungsroman als Spiegel des Bürgertums (KELLER, RAABE, FONTANE). Mittelpunkt ist der bürgerliche Alltag. Milieuschilderungen dienen der Verdeutlichung seelischer Vorgänge. Entsagende Melancholie und Humor als „Waffe gegen die Bedrohung des Daseins" (RAABE, KELLER). Außenseiter und Käuze in trügerischer Idylle. Historische Romane und Erzählungen (CONRAD FERDINAND MEYER, GUSTAV FREYTAG).

Autoren und Werke

THEODOR FONTANE (1819–1898): Gesellschaftsromane *Vor dem Sturm* (1878), *Schach von Wuthenow* (1882), *Irrungen Wirrungen* (1887), *Stine* (1890), *Unwiederbringlich* (1891), *Frau Jenny Treibel* (1892), *Effi Briest* (1894/95), *Die Poggenpuhls* (1895/96), *Der Stechlin* (1897), *Wanderungen durch die Mark Brandenburg* (1862–1882). Balladen und Erzählungen.

FRIEDRICH HEBBEL (1813–1863): einziger bedeutender Dramatiker. Hauptthema: Scheitern eines tragischen Individuums in der Welt. *Judith* (1840), *Maria Magdalene* (1844), *Agnes Bernauer* (1855), *Die Nibelungen* (1861). GOTTFRIED KELLER (1819–1890): *Der grüne Heinrich* (1854/55, 1879): bedeutendster Entwicklungsroman nach Goethe und Jean Paul. *Martin Salander* (1886): Zeitbild der Gründerjahre. Novellenzyklen, u. a. *Die Leute von Seldwyla* (1856, 1874), *Züricher Novellen* (1876–1878). CONRAD FERDINAND MEYER (1825–1898): Gedichte und Novellen, u. a. *Das Amulett* (1873), *Der Schuss von der Kanzel* (1878), *Gustav Adolfs Page* (1882), *Die Hochzeit des Mönchs* (1884). WILHELM RAABE (1831–1910): Romane *Die Chronik der Sperlingsgasse* (1857), *Der Hungerpastor* (1864), *Stopfkuchen. Eine See- und Mordgeschichte* (1891). THEODOR STORM (1817–1888): geprägt durch die nordfriesische Landschaft. Lyrik im Ton der Spätromantik. Novellen, u. a. *Immensee* (1850), *Zur Chronik von Grieshuus* (1884), *Der Schimmelreiter* (1888).

THEODOR FONTANE: *Effi Briest (1894/95, Romananfang)*	Textbeispiel

In Front des schon seit Kurfürst Georg Wilhelm von der Familie von Briest bewohnten Herrenhauses zu Hohen-Cremmen fiel heller Sonnenschein auf die mittagsstille Dorfstraße, während nach der Park- und Gartenseite hin ein rechtwinklig angebauter Seitenflügel einen breiten Schatten erst auf einen weiß und grün quadrierten Fliesengang und dann über diesen hinaus auf ein großes, in seiner Mitte mit einer Sonnenuhr und an seinem Rande mit Canna indica und Rhabarberstauden besetztes Rondell warf. [...] Fronthaus, Seitenflügel und Kirchhofsmauern bildeten ein einen kleinen Ziergarten umschließendes Hufeisen, an dessen offener Seite man eines Teiches mit Wassersteg und angekettelten Boot und dicht daneben einer Schaukel gewahr wurde, deren horizontal gelegtes Brett zu Häupten und Füßen an je zwei Stricken hing – die Pfosten der Balkenlage schon etwas schief stehend. [...]

Naturalismus (1880–1900)

Naturgetreue Abbildung der Wirklichkeit ohne Stilisierung oder metaphysische Überhöhung; die im Realismus begonnene objektivierende Tendenz wird radikal fortgesetzt. Gesamteuropäische Bewegung; in Deutschland erstmals in Zeitschriften erwähnt (in *Die Gesellschaft* und *Kritische Waffengänge* der Brüder Hart, 1882). Begriff in der Epoche selbst entstanden, als „Revolution der Literatur" gemeint.	Begriff
Blütezeit des politischen und wirtschaftlichen Imperialismus. Einerseits selbstgefällig-repräsentative Kultur des Wilhelminismus (z. B. Siegesallee, Reichstag in Berlin), andererseits Mietskasernen mit lichtlosen Hinterhöfen für ein verelendetes Proletariat. Positivismus als Weltanschauung: Lehre von der Gesetzmäßigkeit aller Dinge ohne metaphysische Voraussetzung. Der Mensch ist wie die Natur wissenschaftlich erklärbar als Produkt von Erbgut, Milieu, geschichtlicher Situation. Einfluss der Lehren von Ludwig Feuerbach, Charles Darwin, Karl Marx. Aufgabe der Kunst: Aufdeckung der Kausalzusammenhänge im menschlichen Schicksal.	Historischer und geistesgeschichtlicher Hintergrund

Geschichtliche Daten	1888 Dreikaiserjahr, Beginn der Regentschaft Wilhelms II. 1890 Entlassung Bismarcks. Seit 1898 Erweiterung des Kolonialbesitzes. Flottenpolitik
Tendenzen und Merkmale	Einfluss der Literaturtheorie von EMILE ZOLA (1840–1902): „roman experimental": „Kunst ist nur ein Stück Natur, gesehen durch ein Temperament"; der russischen Realisten LEO TOLSTOJ (1828–1910), FJODOR DOSTOJEWSKI (1821–1881); des psychologischen Dramas von HENRIK IBSEN (1828–1906): *Nora*, *Gespenster* und von AUGUST STRINDBERG (1849–1912): *Fräulein Julie*. Prosa vielfach in Reportage- und Dokumentationsstil (WILHELM BÖLSCHE: *Die naturwissenschaftlichen Grundlagen der Poesie*, 1887).
Drama	Im Schauspiel Versuch der Herstellung von Wirklichkeit auf der Bühne: Alltagsmenschen (Arbeiter, Kleinbürger), Ausgestoßene (Alkoholiker, Kranke, Geistesgestörte). Alltagssprache (Stottern, Stammeln, Dialekt). Analytische Charakterdramen: geringe Personenzahl, ausführliche Bühnenanweisungen, szenische Details; Sekundenstil, Vermeidung des Monologs als *unrealistisch*. Fiktive „vierte Wand" zum Publikum: Schlüssellochperspektive.
Autoren und Werke	GERHART HAUPTMANN (1862–1946): soziale Dramen *Vor Sonnenaufgang* (1889), *Die Weber* (1892), *Der Biberpelz* (1893), *Fuhrmann Henschel* (1898), *Rose Bernd* (1903), *Die Ratten* (1911). Novelle *Bahnwärter Thiel* (1888). ARNO HOLZ (1863–1929) mit JOHANNES SCHLAF (1862–1941): naturalistische Kunstlehre. Gedichte, u.a. *Phantasus* (1898), Schauspiele, u.a. *Papa Hamlet* (1889), Novellen.
Textbeispiel	ARNO HOLZ: *Vorwort zur Komödie Sozialaristokraten (1896, Ausschnitte)* […] die Sprache des Theaters ist die Sprache des Lebens. Nur des Lebens! Und es versteht sich von selbst, dass damit für Jeden […] ein Fortschritt in dieser Kunst eingeleitet ist, eine neue Entwicklungs-, nicht blos Möglichkeit, sondern – Nothwendigkeit. […] Ihr Ziel zeichnet sich klar: […] statt des bisher überliefert gewesenen posirten Lebens […] das nahezu wirkliche zu setzen, mit einem Wort, aus dem Theater allmählich das „Theater" zu drängen. […]

Gegenpositionen zum Naturalismus (1890–1920)

Im schroffen Gegensatz zum Naturalismus wird die Möglichkeit einer objektiven Erkenntnis und Darstellung der Tatsachenwirklichkeit bestritten und statt dessen versucht, subjektive Wahrheit kunstvoll zu gestalten.

Richtungen	**Impressionismus** (lat. impressio = Eindruck): Wiedergabe subjektiv-sinnlicher Eindrücke und Stimmungen („Nervenkunst") Das Naturobjekt wird Anreiz und Auslöser für seelische Regungen (DETLEV VON LILIENCRON, RICHARD DEHMEL, der junge RILKE). **Neoromantik**: Stilisierung, romantischer Schönheitskult, fern von gesellschaftlichem Bezug: l'art pour l'art (RILKE, HESSE, der junge HOFMANNSTHAL). **Neoklassik**: Strenge, klassische Form als Ausdruck aristokratischen Lebensgefühls (STEFAN GEORGE und sein schöngeistiger Kreis).

Friedrich Nietzsches elitär-aristokratische Vorstellung des „Übermenschen" sowie Arthur Schopenhauers Philosophie (nur das künstlerische Genie überwindet durch Phantasie und reine Kontemplation die Kausalität der Welt) als Vorbilder. Einfluss der französischen Symbolisten (CHARLES BAUDELAIRE: *Fleurs du mal*, PAUL VERLAINE, STÉPHANE MALLARMÉ, ARTHUR RIMBAUD).

Geistesgeschichtlicher Hintergrund

Kritische Distanz zur Alltagswirklichkeit und zum Zeitgeschehen, zum amusischen, selbstzufriedenen Bürger. Absonderung des genialen Einzelnen von der Masse (GEORGE). Musikalität und Erlesenheit des Wortes (RILKE, GEORGE), kunstvolle Stilisierung (Jugendstil), Verinnerlichung und Askese, Melancholie (décadence, Fin-de-siècle-Stimmung) und Ekstase. In Lyrik und lyrischem Drama suggestive Kraft des Wortes bis zur Übersteigerung in einem magisch-mystischen Ästhetizismus.

Tendenzen und Merkmale

ARTHUR SCHNITZLER (1862–1931): Schauspiele *Anatol* (1893), *Reigen* (1900). FRANK WEDEKIND (1864–1918): Schauspiel *Frühlingserwachen* (1890/91). STEFAN GEORGE (1868–1933): *Blätter für die Kunst* (Hrsg.). Lyrik *Algabal* (1892), *Der siebente Ring* (1907), *Der Stern des Bundes* (1914). HUGO VON HOFMANNSTHAL (1874–1929): Lyrik. Dramen *Der Thor und der Tod* (1893), *Der Rosenkavalier* (1911), *Jedermann* (1911), *Der Schwierige* (1921), *Der Turm* (1925). RAINER MARIA RILKE (1875–1926): Lyrik *Das Buch der Bilder* (1902), *Das Stundenbuch* (1905), *Neue Gedichte* (1907/08), *Duineser Elegien* (1923), *Sonette an Orpheus* (1923). Prosa *Die Aufzeichnungen des Malte Laurids Brigge* (1904–1910). HERMANN HESSE (1877–1962): Romane *Peter Camenzind* (1904), *Unterm Rad* (1906), *Demian* (1919).

Autoren und Werke

HUGO VON HOFMANNSTHAL: *Gabriele d'Annunzio (1893, Ausschnitte aus dem Essay)*
[…] Heute scheinen zwei Dinge modern zu sein: die Analyse des Lebens und die Flucht aus dem Leben. […] Man treibt Anatomie des eigenen Seelenlebens oder man träumt. Reflexion oder Phantasie, Spiegelbild oder Traumbild […]; modern ist die […] fast somnambule Hingabe an jede Offenbarung des Schönen, an einen Farbenakkord, eine funkelnde Metapher, eine wundervolle Allegorie […].

Textbeispiel

Expressionismus (1910–1925)

lat. expressio = Ausdruck. Zunächst als Ausdruckskunst Bezeichnung für europäische bildende Kunst zu Anfang des Jahrhunderts, z.B. die Malerei von Paul Cézanne, Henri Matisse, Vincent van Gogh; seit 1911 auch für die Literatur (1910–1925); häufig identisch mit *Moderne*. Einzige noch ungefähr abgrenzbare literarische Epoche des 20. Jahrhunderts.

Begriff

Die Generation der zwischen 1875 und 1895 geborenen Schriftsteller, Maler und Bildhauer ist geprägt durch das Kaiserreich seit 1871; den Ersten Weltkrieg, die Großstadterfahrung, die Regierungszeit Wilhelms II. (1888–1918). Wilhelm II.: zunächst „Bürgerkaiser", dann nur Nationalist. Vorrang des Militärischen (CARL ZUCKMAYER: *Der Hauptmann von Köpenick*: „Der Mensch fängt erst beim Leutnant an"). In

Historischer Hintergrund

den Gründerjahren nach 1871 entsteht ein neureiches, selbstzufriedenes Bürgertum. Der Konflikt mit den Vätern der Gründerzeitgeneration ist beherrschendes Motiv expressionistischer Literatur, z.B. FRANZ KAFKA: *Das Urteil*. Die jungen Künstler lehnen Naturalismus, Militarismus und Kapitalismus ab und fordern Kosmopolitismus, Pazifismus, Sozialismus.

Die Erfahrung der Großstadt (Folgen der Industrialisierung, Ballung sozialer Probleme, Isolation, Alkohol, Drogen) wird gestaltet in Großstadtromanen (z.B. ALFRED DÖBLIN: *Berlin Alexanderplatz*). Vorstellung vom „Sumpf der Stadt", „Sodom und Gomorrha, Gott Baal" (GEORG HEYM, BERTOLT BRECHT): Entlarvung einer faszinierenden inneren Zerstörung.

Erfahrung des Krieges als „Vision des Grauens" (sinnloser Tod junger Kriegsfreiwilliger bei Langemarck, 1914; Verdun, 1916: 500 000 Tote; Giftgas, Tanks), Hilflosigkeit z.B. der Ärzte und Sanitäter (GOTTFRIED BENN, GEORG TRAKL); Versagen aller bisherigen Wertvorstellungen (Gedichtanthologie *Menschheitsdämmerung*, hrsg. von KURT PINTHUS, 1920). Hoffen auf einen neuen Anfang auch in der Politik.

Geschichtliche Daten

1871–1918 Deutsches Kaiserreich (seit 1888 Wilhelm II.). 1914–1918 Erster Weltkrieg (ca. 10 Millionen Tote). 1917 Oktoberrevolution in Russland

Geistesgeschichtlicher Hintergrund

Sozialrevolutionäre Vorstellung von Kommunismus und Sozialismus. Aus der Erfahrung einer unmenschlich gewordenen Zivilisation Ablehnung des positivistischen Weltbildes.

Darwinismus (Charles Darwin, 1809–1882, Naturwissenschaftler: Kampf ums Dasein. Der Stärkere siegt). Erkenntnis: Der Mensch ist determiniert, nicht mehr „Ebenbild Gottes" → Verlust eines ganzheitlichen Menschenbildes. Kulturpessimismus, Antimoralismus (Friedrich Nietzsche, 1844–1900, Philosoph und Schriftsteller: *Also sprach Zarathustra*: „Gott ist tot"; „Wir brauchen einen neuen Menschen") → Verlust religiöser Bindung und übergeordneter Sinngebung des Lebens, Umwertung der Werte (so z.B. bei Kafka).

Psychoanalyse (Sigmund Freud, 1856–1939, Nervenarzt: Seelenkunde, Entdeckung des Unbewussten, Traumdeutung, Lehre von Ich, Es und Über-Ich) → Verlust der Identität.

Tendenzen und Merkmale

Erschrecken über das Versagen bisheriger Normen führt zur Ablehnung von Tradition und Denkweisen, die auf Logik und Erklärbarkeit beruhen. Aufbruch im politischen und im philosophisch-ästhetischen Bereich. Gegen Naturalismus und Impressionismus: statt Vorstellung der äußeren Erscheinung Ausdruck inneren Erlebens. Das „Wesen" der Dinge wird wichtig; der Dichter als Künder innerlich geschauter Wahrheit soll bilden, nicht abbilden.

Die expressionistische Sprache wird extrem subjektiv, ist gekennzeichnet durch Pathos und Ekstase: „Befreiung" des Wortes aus tradierten Zwängen und grammatischen Normen, fetzenartige Reihung, Montagen, groteske Verkürzungen; visionäre Bilder, weit hergeholte Metaphern, Farbsymbolik, Laut- und Klanggedichte (→ Dadaismus, Bruitismus): geballte Kraft der Aussage, verwirklicht u.a. in Lyrik und Dramatik; neue Ausdrucksmöglichkeiten auch in überkommenen Formen (Sonette Georg Trakls).

Die Fackel (seit 1899), *Der Sturm* (seit 1910), *Die Aktion* (seit 1911), *Die Weltbühne*, Fortsetzung der Schaubühne (seit 1918). — Programmatische Zeitschriften

ERNST BARLACH (1870–1938), Dramatiker, Bildhauer, Graphiker: Drama *Der blaue Boll* (1926). — Autoren und Werke
KARL KRAUS (1874–1936): *Die letzten Tage der Menschheit* (1918/19).
GOTTFRIED BENN (1886–1956), in beiden Weltkriegen Militärarzt: Gedicht-Zyklen, Prosa, u. a. *Gehirne, Die Eroberung* (1915).
ALFRED DÖBLIN (1878–1957), Facharzt für Nervenleiden: Erzählungen, u. a. *Ermordung einer Butterblume* (1913), Großstadtroman *Berlin Alexanderplatz* (1929).
FRANZ KAFKA (1883–1924): entscheidender Einfluss bis in die Gegenwart. Erzählungen, u. a. *Das Urteil* (1912), *Die Verwandlung* (1915), *In der Strafkolonie* (1919); Romane *Der Prozess, Das Schloss, Amerika* (postum hrsg. von Max Brod).
GEORG KAISER (1878–1945): *Die Bürger von Calais* (1914), *Die Koralle* (1917), *Gas, Gas II* (1918/19): „Denkspiele".
ELSE LASKER-SCHÜLER (1869–1945): Gedichtzyklen, Schauspiel *Die Wupper* (1909).
HEINRICH MANN (1871–1950): *Professor Unrat* (1905), Trilogie *Das Kaiserreich* (1918–1925), darin *Der Untertan* (1918).
GEORG TRAKL (1887–1914): erlitt wegen des Kriegserlebnisses als Sanitäter einen Nervenzusammenbruch. Tod durch eine Überdosis Kokain. *Gedichte* (1913).
AUGUST STRAMM (1874–1915): in Russland gefallen. *Gedichte* (1915).
FRANZ WERFEL (1890–1945): Beziehungen zu Kafka und Max Brod. Vor allem Gedichte, Romane, u. a. *Der Abituriententag* (1928).

AUGUST STRAMM: *Patrouille (1915/16)* — Textbeispiel
Die Steine feinden
Fenster grinst Verrat
Äste würgen
Berge Sträucher blättern raschlig
Gellen
Tod

Die literarische Entwicklung zwischen 1918 und 1945

Unterschiedliche Benennungen, z. B. „Neue Sachlichkeit", aus der bildenden Kunst übernommen, umstrittene Kennzeichnung einer wirklichkeitsorientierten Richtung gegen den verblassenden Expressionismus. Seit 1920 Begriff „expressiver Naturalismus": intensiv-subjektive Gestaltung in wiedergewonnener Objektivität. — Begriff

In knapp einer Generation werden schwerwiegende Erschütterungen der politischen, gesellschaftlichen und wirtschaftlichen Verhältnisse sowie der Weltanschauung erlebt: zwei Weltkriege und der Zusammenbruch mehrerer Systeme – des Kaiserreichs 1918, der „ungeliebten" Weimarer Republik („einer Republik ohne Republikaner") 1933 und der totalitären nationalsozialistischen Diktatur 1945. — Historischer und politischer Hintergrund

Inflation und Weltwirtschaftskrise (6 Millionen Arbeitslose) bereiten im Kleinbürgertum, das die Proletarisierung fürchtet, den Boden für den Führerstaat. Der Kampf zwischen linken (Rotfrontkämpferbund) und rechten (SA) Extremisten führt zu bürgerkriegsähnlichen Zuständen und einer Verachtung des „versagenden" Parteienstaates. Propaganda für eine Revision des „Schandfriedens" von Versailles findet Resonanz.

Nach 1933 äußere oder innere Emigration angesichts antihumaner Politik, rassischer Verfolgung. Bücherverbrennung am 10.5.1933: Werke von BERTOLT BRECHT, HEINRICH und THOMAS MANN, ARTHUR SCHNITZLER, ERICH MARIA REMARQUE, ARNOLD und STEFAN ZWEIG, CARL ZUCKMAYER u.a. Persönliches Leid, Verfolgungen in der „inneren" Emigration – z.B. JOCHEN KLEPPER (*Der Vater*, Roman 1937) Freitod mit Frau und Stieftochter 1942, Not und Fremdheit im Exil. ERNST JÜNGER bleibt wegen seiner zunächst ambivalenten Haltung gegenüber der NS-Diktatur lange umstritten; sein symbolisch verschlüsselter Roman *Auf den Marmorklippen* wird heute als Angriff verstanden. Die Schuld am Zweiten Weltkrieg, die Mitverantwortung des Mitwissenden für das Unrecht, das Versagen einer idealistischen Kultur angesichts von Brutalität und Perfektion des Verbrechens werden zentrale Themen der Literatur; ihre Aufarbeitung ist ein Versuch, nach Krieg und Zusammenbruch geistig zu überleben.

Geschichtliche Daten

1918 (9. Nov.) Ausrufung der Republik. 1919 Frieden von Versailles. 1923 Höhepunkt der Inflation. 1929 Beginn der Weltwirtschaftskrise. 1933 Machtergreifung Hitlers. 1935 Nürnberger Gesetze gegen die Juden. 1939–1945 Zweiter Weltkrieg. 1942 Richtlinien für die „Endlösung" der Judenfrage. 1944 (20. Juli) missglücktes Attentat auf Hitler. 1945 (8. Mai) bedingungslose Kapitulation

Geistesgeschichtlicher Hintergrund

Erneut Fragen nach dem Sinn des Seins: Existenzphilosophie von Martin Heidegger (1889–1976), Karl Jaspers (1883–1969). Der Mensch ist sich selbst und dem Sein entfremdet, ins Nichts gestoßen, bindungslos. Daher Suche nach neuer Orientierung in gesellschaftlichen Ideologien und Utopien und religiöser Besinnung; Einfluss der *Angstphilosophie* Søren Kierkegaards (1813–1855).

Tendenzen und Merkmale Roman

Einfluss der Visionen in Kafkas Romanen, vor allem von THOMAS MANNS psychologischer Erzählweise mit seiner leitmotivischen Grundstruktur. Der Roman wird zur wichtigsten literarischen Gattung, hier findet eine „Bilanzierung" des Zeitalters statt (z.B. HEINRICH MANN: *Ein Zeitalter wird besichtigt*). Der große historische Roman gibt die Möglichkeit, im Exil Aufschluss über die eigene historische Situation zu gewinnen (HEINRICH MANN: *Henri Quatre*). THOMAS MANN verbindet Gegenwart und fiktive Vergangenheit in seinem *Doktor Faustus*.

Episches Theater

Brechts episches Theater ist Lehrtheater, Überwindung des Illusionstheaters. Sein Verfremdungseffekt zerstört die Illusion einer Identifikation mit dem Geschehen auf der Bühne und macht den Zuschauer zum kritischen Beobachter. Die Figuren sind „Niemand"- oder „Jedermann"-Gestalten mit parabolischer Bedeutung. Verschmelzung von Realität und Irrealität. Verwendung von Alltagssprache, Anspielungen, Untertreibung, Zuspitzung auf Modell und Exempel. Erwin Piscator inszeniert das Agitationstheater (Agitprop).

Autoren und Werke

HEINRICH MANN (1871–1950): Romane *Henri Quatre* (1935 und 1938). Autobiografie *Ein Zeitalter wird besichtigt* (1945).
THOMAS MANN (1875–1955): Novelle *Der Tod in Venedig* (1912), Romane *Der Zauberberg* (1924), *Joseph* (1933–1943); *Doktor Faustus* (1947). 1929 Nobelpreis für Literatur für den bereits 1901 erschienenen Roman *Die Buddenbrooks*.
HERMANN HESSE (1877–1962): Romane *Siddharta* (1922), *Der Steppenwolf* (1927), *Das Glasperlenspiel* (1943).
ROBERT MUSIL (1880–1942): Roman *Der Mann ohne Eigenschaften* (1930–1943).
STEFAN ZWEIG (1881–1942): Autobiografie *Die Welt von gestern* (1943).
CARL ZUCKMAYER (1896–1977): Schauspiele *Der Hauptmann von Köpenick* (1931), *Des Teufels General* (1946).
BERTOLT BRECHT (1898–1956): Stücke *Dreigroschenoper* (1928), *Die heilige Johanna der Schlachthöfe* (1930), *Die Gewehre der Frau Carrar* (1937), *Furcht und Elend des Dritten Reiches* (1938), *Leben des Galilei* (1939), *Der gute Mensch von Sezuan* (1943).
ÖDÖN VON HORVÁTH (1901–1938): Stücke *Italienische Nacht* (1931), *Geschichten aus dem Wienerwald* (1931), *Kasimir und Karoline* (1932). Roman *Jugend ohne Gott* (1937).

Textbeispiel

BERTOLT BRECHT: *An die Nachgeborenen (III, 1933/38)*
Ihr, die ihr auftauchen werdet aus der Flut
In der wir untergegangen sind
Gedenkt
Wenn ihr von unsern Schwächen sprecht
Auch der finsteren Zeit
Der ihr entronnen seid.

Gingen wir doch, öfter als die Schuhe die Länder wechselnd
Durch die Kriege der Klassen, verzweifelt
Wenn da nur Unrecht war und keine Empörung.

Dabei wissen wir ja:
Auch der Haß gegen die Niedrigkeit
Verzerrt die Züge.
Auch der Zorn über das Unrecht
Macht die Stimme heiser. Ach, wir
Die wir den Boden bereiten wollten für Freundlichkeit
Konnten selber nicht freundlich sein.

Ihr aber, wenn es soweit sein wird
Daß der Mensch dem Menschen ein Helfer ist
Gedenkt unsrer
Mit Nachsicht.

Die literarische Entwicklung in der Bundesrepublik Deutschland bis 1980

Historisch-politische und kulturelle Situation

Bedingungslose Kapitulation Deutschlands am 8.5.1945. Flüchtlingsströme aus den Gebieten jenseits von Oder und Neiße, Aufteilung in Besatzungszonen, Potsdamer Konferenz (1945). Übergangszeit – Versuch zu überleben, Wiederaufbau, Situation Grundgesetz (1949) als Basis wertesetzender, demokratischer Ordnung. Zunehmende Ost-West-Spannungen (Kalter Krieg, Berlin-Blockade) und tiefere Spaltung Deutschlands führen zu Identitätskrisen, aber auch zu Verdrängungen der jüngsten Vergangenheit in einer westlichen Wohlstandsgesellschaft. Alle politischen Strömungen (Studentenbewegung 1968, außerparlamentarische Opposition [APO], Frauenbewegung, Friedensinitiativen, Rüstungsfragen) spiegeln sich auch in der Literatur; entschiedenes politisches Engagement einiger Schriftsteller, z. B. von HEINRICH BÖLL und GÜNTER GRASS. Die Frage nach der Aufgabe des Schriftstellers in einer bürokratisierten Welt mit Feindbildern und der Gefahr der Sinnentleerung, des Bindungsverlustes, verdrängter Verantwortung stellt sich in einer „pluralistischen Gesellschaft", der Freiräume für Kritik, Protest und Widerstand systemimmanent sind: „Dass der Autor engagiert sein soll, halte ich für selbstverständlich. Für mich ist das Engagement die Voraussetzung, es ist sozusagen die Grundierung" (BÖLL, 1961).

Geschichtliche Daten

1949 (23. Mai) Grundgesetz, Gründung der Bundesrepublik Deutschland. 1948–1949 Blockade der Westsektoren Berlins durch die Sowjetunion. 1955 Ratifizierung des Deutschlandvertrages (Aufhebung des Besatzungsstatus durch die Westalliierten), Eintritt in die NATO. 1971 Viermächteabkommen über Berlin. 1972 Grundlagenvertrag zwischen der Bundesrepublik Deutschland und der Deutschen Demokratischen Republik (DDR)

Tendenzen und Merkmale

Skepsis gegenüber „verbrauchten" Formen, Wiederkehr der alten als Parodie, Paradoxon (z. B. aristotelische Einheiten bei FRIEDRICH DÜRRENMATT: *Die Physiker*). Aufbrechen der Grenzen zwischen den literarischen Gattungen: epische Komponenten im Drama, Dialog und Monolog im Roman; Lyrik ist häufig optisch gegliederte Prosa. Das Hörspiel (GÜNTER EICH, INGEBORG BACHMANN) wird eine eigenständige Kunstform (innere Bühne, eher lyrisch als dramatisch). Erfahrungen von Existenzphilosophie, Psychoanalyse werden aufgegriffen; Surrealismus wirkt nach – Neigung zum „chiffrierten" Text, der sich eindeutiger Entschlüsselung entzieht, als „subjektive" Wahrheit. Einbeziehung von Technik und industrieller Erfahrungswelt. Experimenteller Umgang mit der Sprache (Montagen, Einblendungen – Filmtechnik); das aus dem Kontext gelöste Detail erhält ein starkes Gewicht, gelegentlich beladen mit mythischem Bezug. Tendenz zur kleinen Form, zu Parabel, Exempel, Gleichnis, um Modellsituationen zu schaffen. Im Schauspiel anstelle der Tragödie die Groteske (FRIEDRICH DÜRRENMATT).
Einfluss ausländischer Literatur, vor allem auf das Erzählen; die Kurzgeschichte (ERNEST HEMINGWAY) entsteht nach 1945 in vielfacher Form. Entscheidende Nachwirkung FRANZ KAFKAS: Überschneidung von Raum und Zeit, Verzicht auf eine

durchstrukturierte Fabel zugunsten wechselnder Perspektiven; zyklisches Einkreisen mit ständig unterbrochener Bewegung.

In der Lyrik Anknüpfen an Expressionismus und Surrealismus. Neue Schreibweisen im hermetischen Gedicht (PAUL CELAN), in der konkreten Poesie, in der umgangssprachlich gefassten Alltagslyrik.

Vorphase 1945–1949

Fortsetzung formaler und inhaltlicher Traditionen (z. B. in der Naturlyrik), aber auch radikale Neuorientierung. Prägend sind Schriftsteller der Jahrgänge 1916–1925, die unmittelbar nach 1945 zu veröffentlichen beginnen unter dem Eindruck von Krieg und Vernichtung: HEINRICH BÖLL, WOLFGANG BORCHERT (1921–1947), PAUL CELAN, WOLFDIETRICH SCHNURRE (1920–1989). Kriegs- und Heimkehrerliteratur, Todeserinnerung, Fassen des Ungeheuerlichen in der „Sprachlosigkeit" – in dieser existenziellen Grundsituation Protest gegen jede Art von Ideologie aus der Erfahrung einer missbrauchten Generation; Misstrauen gegen die missbrauchte Sprache: „Es gab nur die Wahrheit. Nicht einmal die Sprache war mehr zu gebrauchen, die Nazijahre und die Kriegsjahre hatten sie unrein gemacht. Sie musste erst mühsam wieder Wort für Wort abgeklopft werden. [...] Die neue Sprache, die entstand, war nicht schön, sie wirkte keuchend und kahl [...]" (Schnurre, 1960). WOLFGANG BORCHERT schreibt in seinem Heimkehrerstück *Draußen vor der Tür* und in seinen Kurzgeschichten diese Trümmersprache: „Mein Bruder, der liegt nämlich da unten. Da. Jürgen zeigte mit dem Stock auf die zusammengesackten Mauern. Unser Haus kriegte eine Bombe. Mit einem Mal war das Licht weg im Keller. Und er auch. Wir haben noch gerufen. Er war viel kleiner als ich. Erst vier [...]" (*Nachts schlafen die Ratten doch*). BÖLL erzählt von jungen Menschen in den letzten Kriegsjahren und unmittelbar nach 1945: Erzählung *Der Zug war pünktlich* (1949).

Zusammenschluss engagierter Schriftsteller um HANS WERNER RICHTER (1908–1993): ILSE AICHINGER (*1921), ALFRED ANDERSCH (1914–1980), INGEBORG BACHMANN (1926–1973), HEINRICH BÖLL (1917–1985), GÜNTER EICH (1907–1972), PAUL CELAN (1920–1970), WOLFGANG HILDESHEIMER (1906–1991), WALTER JENS (*1923), WOLFGANG KOEPPEN (1906–1996), MARTIN WALSER (*1927) u. a.

Trümmerliteratur

Gruppe 47

1. Phase 1950er Jahre

Schriftsteller der Jahrgänge bis 1929 beobachten kritisch die Wohlstandsgesellschaft und fassen sie in Satire und Groteske. Markierung: MARTIN WALSERS Roman *Halbzeit* (1960). Kritik an der *Vergesslichkeit* der davongekommenen Wohlstandsbürger: FRIEDRICH DÜRRENMATT (1921–1990): *Der Besuch der alten Dame* (1956). Pointierter Angriff auf eine manipulierende Kulturindustrie: H. BÖLL: Erzählung *Doktor Murkes gesammeltes Schweigen* (1958). Romane: *Haus ohne Hüter* (1954), *Billard um halbzehn* (1961). Rückgriff auf inneren Monolog, mehrperspektivische Darstellung, Überlagerung von Zeit- und Bewusstseinsschichten: MAX FRISCH (1911–1991, Schweiz): Roman *Stiller* (1954): Doppelgängermotiv als Symbol einer Identitätskrise.

2. Phase 1960er Jahre

Aufbrechen der unbewältigten Vergangenheit: Drittes Reich, Kriegs- und Nachkriegszeit, innere und äußere Feindbilder. Verlust der Selbstsicherheit der Aufbaujahre. Markierungen: GÜNTER GRASS' Roman *Die Blechtrommel* (1959); MAX FRISCHS Schauspiel *Andorra* (1961): Modell eines kollektiven Mordes an einem vermeintlichen Juden; UWE JOHNSONS (1934–1984) Romane *Mutmaßungen über Jakob* (1959), *Das dritte Buch über Achim* (1961); HEINRICH BÖLLS *Ende einer Dienstfahrt* (1966); SIEGFRIED LENZ' (*1926) Roman *Deutschstunde* (1968). Im Zuge innenpolitischer Auseinandersetzungen nach 1967 zunehmende Politisierung und verstärktes öffentliches Engagement der Schriftsteller.

3. Phase Beginn in den 70er Jahren

Die Besinnung auf das eigene Ich und seine subjektive Welt zeugt von Ernüchterung und Distanz zu öffentlicher politischer Aktion. „Neue Sensibilität", „neue Innerlichkeit" heißt: Interesse an eigener und fremder Lebensgeschichte. Nach dem Verzicht auf eine komplexere Erfassung der Individualität während der politischen Aktion jetzt Suche nach persönlicher, auch geschichtlicher Identität: INGEBORG DREWITZ (1923–1986): *Gestern war Heute. Hundert Jahre Gegenwart* (1978). PETER HÄRTLING (*1933): *Hölderlin* (1976). CHRISTOPH MECKEL (*1935): *Suchbild. Über meinen Vater* (1980).

Erzählende Literatur seit 1945

Aufarbeitung der Vergangenheit: ALFRED ANDERSCH: *Sansibar oder der letzte Grund* (1957). HEINRICH BÖLL: *Billard um halbzehn* (1959). GÜNTER GRASS: *Die Blechtrommel* (1953), *Katz und Maus* (1961), *Hundejahre* (1963). Identitätsprobleme, Fragen nach der Wirklichkeit: MARIE LUISE KASCHNITZ: *Das dicke Kind* (1951). MAX FRISCH: *Stiller* (1954), *Homo faber* (1957), *Mein Name sei Gantenbein* (1964). MARTIN WALSER: *Ehen in Philippsburg* (1957), *Halbzeit* (1960), *Das Einhorn* (1966). Neue Subjektivität: NICOLAS BORN (1937–1979): *Die erdabgewandte Seite der Geschichte* (1976). BOTHO STRAUSS (*1944): *Rumor* (1980).

Dramen seit 1945

Zunächst Parabeldrama in der Nachfolge Brechts, aber Misstrauen in die noch für 1945 Brecht gültige Überzeugung von der Veränderbarkeit der Menschen bei Frisch und bei Dürrenmatt, der das Absurd-Komische und Groteske, die Welt des Irrenhauses darstellt. In den 60er Jahren Dokumentartheater: ROLF HOCHHUTH (*1931): *Der Stellvertreter* (1963). HEINAR KIPPHARDT (1922–1982): *In der Sache J. Robert Oppenheimer* (1964). PETER WEISS (1916–1982): *Die Ermittlung* (1965). Daneben die Parabel und das Sprechtheater: PETER HANDKE (*1942): *Publikumsbeschimpfung* (1966), *Kaspar* (1968). Bei THOMAS BERNHARD (1931–1989) und Botho Strauß wird das „Befinden des Individuums" nach der Revolte der 70er Jahre aufgezeigt: subtile Vernichtung des Menschen, Isoliertheit, Verlust von Handlungs- und Erlebnisfähigkeit. T. BERNHARD: *Die Jagdgesellschaft* (1974), *Der Weltverbesserer* (1978). B. STRAUSS: *Trilogie des Wiedersehens* (1976), *Groß und klein*, Szenen (1978). Das neue Volksstück: FRANZ XAVER KROETZ (*1946): *Stallerhof* (1972), *Oberösterreich* (1972), *Mensch Meier* (1978), *Nicht Fisch nicht Fleisch* (1981).

Lösung von herkömmlichen Strukturen im hermetischen Gedicht, das allein auf einen Zusammenhang im Bewusstsein des Autors verweist: NELLY SACHS (1891–1970); PAUL CELAN: *Die Niemandsrose* (Gedichtsammlung, 1963); YVAN GOLL (1891–1950). INGEBORG BACHMANN (1926–1973) verbindet traditionelle Symbolik naturmagischer Bilder mit existenzieller Bedrohung. Nachhaltige Wirkung bis in die Lyrik der Gegenwart. Spiel mit Elementen der Alltagswelt, die „bedeutsam" über sich hinausweisen, Lehren vermitteln sollen: HANS MAGNUS ENZENSBERGER (*1929). Konkrete Poesie: EUGEN GOMRINGER (*1925), HELMUT HEISSENBÜTTEL (1921–1996). Politische Lyrik. In den 70er Jahren bis in die unmittelbare Gegenwart Verbindung von persönlichem und gesellschaftlichem Bezug: ERICH FRIED (1921–1988).

Lyrik seit 1945

PAUL CELAN: *Schwarzerde (1963)*
SCHWARZERDE, schwarze
Erde du, Stunden-
mutter
Verzweiflung:

Ein aus der Hand und ihrer
Wunde dir Zu-
Geborenes schließt
deine Kelche.

Textbeispiele

GÜNTER EICH: *Träume (1953, Ausschnitt)*
Nein, schlaft nicht, während die Ordner der Welt geschäftig sind!
Seid mißtrauisch gegen ihre Macht, die sie vorgeben für euch erwerben zu müssen!
Wacht darüber, daß eure Herzen nicht leer sind, wenn mit der Leere eurer Herzen
                                                                        gerechnet wird!
Tut das Unnütze, singt die Lieder, die man aus eurem Mund nicht erwartet!
Seid unbequem, seid Sand, nicht das Öl im Getriebe der Welt!

INGEBORG BACHMANN: *Ausfahrt (1953, Ausschnitt)*
[…] Das Beste ist, am Morgen,
mit dem ersten Licht, hell zu werden,
gegen den unverrückbaren Himmel zu stehen,
der ungangbaren Wasser nicht zu achten
und das Schiff über die Wellen zu heben,
auf das immerwiederkehrende Sonnenufer zu.

HANS MAGNUS ENZENSBERGER: *Leuchtfeuer (1964, Ausschnitt)*
Dieses Feuer beweist nichts,
es leuchtet, bedeutet:
dort ist ein Feuer.
Kennung: alle dreißig Sekunden
drei Blitze weiß. Funkfeuer:
automatisch, Kennung SR.
Nebelhorn, elektronisch gesteuert:
alle neunzig Sekunden ein Stoß. […]

FRIEDRICH DÜRRENMATT: *Die Physiker (1962, Schlusswort)*
MÖBIUS [Physiker]: Ich bin Salomo. Ich bin der arme König Salomo. Einst war ich unermeßlich reich, weise und gottesfürchtig. Ob meiner Macht erzitterten die Gewaltigen. Ich war ein Fürst des Friedens und der Gerechtigkeit. Aber meine Weisheit zerstörte meine Gottesfurcht und als ich Gott nicht mehr fürchtete, zerstörte meine Weisheit meinen Reichtum. Nun sind die Städte tot, über die ich regierte, mein Reich leer, das mir anvertraut worden war, eine blauschimmernde Wüste, und, irgendwo um einen kleinen, gelben, namenlosen Stern kreist, sinnlos, immerzu, die radioaktive Erde. Ich bin Salomo, ich bin Salomo, ich bin der arme König Salomo.

Die literarische Entwicklung in der DDR bis 1980

Politisch-kulturelle Situation

Die Schriftsteller in der Deutschen Demokratischen Republik (DDR) sehen sich den Forderungen einer Kulturpolitik gegenüber, die aktive Parteinahme für den Sozialismus fordert und die Aufgabe der Literatur als Partei- und Gesellschaftsauftrag versteht: nachhaltige Unterstützung und Vermittlung sozialistischer Ziele. Die Folge: staatliche Einflussnahme und Zensur, inhaltlich wie formal. Kritische Autoren geraten unter Druck, ihre Werke werden nicht veröffentlicht oder können nur in der Bundesrepublik Deutschland publiziert werden. Viele verlassen die DDR – zumeist unter Zwang. Seit Beginn der 80er Jahre zunehmende Konvergenzen zwischen der Literatur der DDR und der übrigen deutschsprachigen Literatur.

Geschichtliche Daten

1949 (7. Okt.) Gründung der DDR. 1953 (17. Juni) Aufstand in der DDR. 1956 Eintritt der DDR in den Warschauer Pakt. 1956 XX. Parteitag der KPdSU: Abrechnung mit Stalin durch Chruschtschow. 1956 (Oktober) Aufstand in Ungarn. 1961 (13. Aug.) Bau der Mauer zur Abriegelung West-Berlins vom sowj. Sektor und der DDR

Vorphase 1945–1949

Rückkehr der Emigranten

Einige der Schriftsteller, die in der Zeit des Nationalsozialismus im Exil leben mussten, kehren in die damalige Sowjetische Besatzungszone zurück in der Hoffnung auf eine antifaschistische und demokratische Entwicklung: u. a. JOHANNES R. BECHER, BERTOLT BRECHT, STEPHAN HERMLIN, STEFAN HEYM, PETER HUCHEL, ANNA SEGHERS, FRIEDRICH WOLF, ARNOLD ZWEIG. Das „klassische Erbe" wird gepflegt: in der erzählenden Literatur die Klassiker und die Realisten des 19. Jahrhunderts, nicht jedoch „modernistische" Autoren wie Franz Kafka.

Autoren und Werke

Im Exil entstandene Werke, die sich mit dem Nationalsozialismus auseinander setzen, erscheinen, z. B. ANNA SEGHERS: *Das siebte Kreuz* (Roman, 1942/46), FRIEDRICH WOLF: *Professor Mamlock* (Drama, 1935 uraufgeführt). LION FEUCHTWANGER (Romane)

(*Jud Süß* 1927; *Die Geschwister Oppermann* – urspr. *Oppenheim* 1933; *Die Jüdin von Toledo* 1952–1954) kehrt nicht aus dem Exil nach Deutschland zurück.

1. Phase 1949–1961 „Aufbau des Sozialismus"

1952 wird in der 1949 gegründeten DDR auf dem SED-Parteitag der „Aufbau des Sozialismus" proklamiert. Die Staatspartei beansprucht, die Künste anzuleiten: „Die Idee der Kunst muss der Marschrichtung des politischen Kampfes folgen" (Ministerpräsident Otto Grotewohl, 1951). Der sozialistische Realismus gilt als verbindliches Gestaltungsprinzip. Nach sowjetischem Muster entstehen „Aufbau-Romane", in denen der „positive Held" als Sieger in der Auseinandersetzung mit dem rückschrittlichen Gegenspieler hervorgeht. Der befohlene Optimismus erzeugt eine lähmende Sterilität in der Schreibweise.

Herausragendes künstlerisches Ereignis: Gründung des Brecht-Ensembles im Theater am Schiffbauerdamm in Ost-Berlin im Herbst 1949. BERTOLT BRECHT führt seine im Exil geschriebenen Stücke auf, 1949 *Herr Puntila und sein Knecht Matti*. Das von ihm erwartete große Schauspiel zum Aufbau des Sozialismus hat Brecht nie geschrieben.

Berliner Ensemble

Nach den Aufständen 1953 (DDR) und 1956 (Ungarn) sowie der proklamierten Entstalinisierung kurze Phasen der Öffnung für die Kunst: HEINER MÜLLERS Schauspiel *Der Lohndrücker* (1956) stellt die Aktivistenbewegung kritisch dar, STEFAN HEYMS Roman *Fünf Tage im Juni* die Auseinandersetzung mit dem Aufstand 1953, durfte in der DDR allerdings nicht erscheinen.

1953–1956

1958 fordert Walter Ulbricht auf dem V. Parteitag der SED, die „Entfremdung zwischen Künstler und Volk zu überwinden", 1959 lädt der Mitteldeutsche Verlag Berufsschriftsteller sowie schreibende Arbeiter zu einer Konferenz nach Bitterfeld ein, Beschluss: Schriftsteller gehen in die Betriebe und arbeiten mit den Brigaden zusammen. Parole: „Greif zur Feder, Kumpel!" Es kommt jedoch nicht zur Entwicklung einer breiten Massenkultur.

Bitterfelder Weg

2. Phase 1961–1971 „Ankunft im Sozialismus"

Einschneidendes Ereignis: der Bau der Berliner Mauer (August 1961). Vorsichtige Liberalisierung nach dem Schock. ERWIN STRITTMATTER: „Die Literatur der schreibenden Arbeiter ist den lesenden Arbeitern nicht zumutbar." Jetzt entstehende Werke sind durch individuelle Schreibweisen und vorsichtige Kritik (ohne grundsätzliche Infragestellung) des sozialistischen Aufbaus geprägt.

Programmatischer Titel: BRIGITTE REIMANN (1933–1973): Roman *Ankunft im Alltag* (des Sozialismus) (1961).

Autoren und Werke

41

In den Lehrstücken Auseinandersetzung mit Bertolt Brecht: HEINER MÜLLER (1929–1995): Schauspiel *Der Bau* (1964). Thema: Probleme bei der Erziehung zur „sozialistischen Persönlichkeit" in der Produktion. PETER HACKS (1928–2003) Schauspiel *Moritz Tassow* (1961). Thema: Bodenreform.
ERWIN STRITTMATTER (1912–1994): Roman *Ole Bienkopp* (1963). Thema: Entwicklung sozialistischer Produktionsweise und eines sozialistischen Bewusstseins. CHRISTA WOLF (*1929): Erzählung *Der geteilte Himmel* (1963). Thema: Die Teilung Deutschlands, Situation kurz vor dem Mauerbau. HERMANN KANT (*1926): Roman *Die Aula* (1965). Thema: Der Lebensweg von Studenten, die nach 1945 an der „Arbeiter- und-Bauern-Fakultät" studieren. ERIK NEUTSCH (*1931): Roman *Spur der Steine* (1964). Thema: Aufbau des Sozialismus in der Stadt. JOHANNES BOBROWSKI (1917–1965): Roman *Levins Mühle* (1964), *Mäusefest u. a. Erzählungen* (1965), *Boehlendorff u. a. Erzählungen* (1965). Roman *Litauische Klaviere* (1966). Thema: der europäische Osten.
Lyriker: GÜNTER KUNERT (*1929), SARAH KIRSCH (*1935), KARL MICKEL (1935–2000). Liedermacher WOLF BIERMANN (*1936): *Die Drahtharfe* (1965) sowie weitere Werke erscheinen nicht in der DDR. Die ältere Lyrikergeneration repräsentieren JOHANNES BOBROWSKI und PETER HUCHEL (1903–1981).

Harter Kurs ab 1965

Wegen einer „Ideologie des bürgerlichen Skeptizismus" werden u. a. WOLF BIERMANN, PETER HACKS, STEFAN HEYM, GÜNTER KUNERT, SARAH KIRSCH, HEINER MÜLLER und der Philosoph Robert Havemann öffentlich getadelt.

„Entfaltung der sozialistischen Nationalkultur"

Zur Unterbindung direkter Kontakte zu Verlagen in der Bundesrepublik Deutschland wird ein „Büro für Urheberrechte" in Ost-Berlin eingerichtet. Trotz des staatlichen Drucks zunehmende Differenzierung in Thematik und Form. Auch das Alltägliche, Private erscheint in der Literatur.

Textbeispiel

ANNA SEGHERS: *Vor dem Schriftstellerverband der DDR (Rede 1966, Ausschnitt)*
[…] Man kann sagen, dass die Menschen in diesem Land durch ihre Arbeit darstellen, wer sie sind. Und die Arbeit des Schriftstellers kommt aus der Gesellschaft und wirkt auf die Gesellschaft zurück wie jede andere. […]

Autoren und Werke

JUREK BECKER (1931–1991): Roman *Jakob der Lügner* (1968). Thema: Überleben im Warschauer Ghetto. GÜNTER DE BRUYN (*1926): Erzählung *Buridans Esel* (1968). Thema: Verhaltensweisen, menschliche Unzulänglichkeiten im Alltag. STEFAN HEYM (1913–2001): *Die Schmähschrift oder Königin gegen Defoe* (1970, nicht in der DDR). Thema: Gefährdete Situation eines Schriftstellers in der Diktatur. CHRISTA WOLF (*1929): Roman *Nachdenken über Christa T.* (1968). Thema: Mögliches *Nichtankommen* im Sozialismus. VOLKER BRAUN (*1939): Schauspiel *Die Kipper* (1966/67/72). Thema: Der Einzelne und das Kollektiv in der Produktion.

3. Phase Beginn ab 1971 „postrevolutionäre Situation"

SED-Chef Erich Honecker auf den VIII. Parteitag: „Wenn man von der festen Position des Sozialismus ausgeht, kann es meines Erachtens auf dem Gebiet der Kunst und Literatur keine Tabus geben".
Beispiele für den neuen Spielraum: ULRICH PLENZDORF (*1934): Erzählung und Theaterfassung *Die neuen Leiden des jungen W.* (1972), *Die Legende von Paul und Paula* (als Filmerzählung 1974). STEFAN HEYM: Roman *Der König-David-Bericht* (1973). Thema: Legitimität staatlicher Macht, projiziert in die biblische Vergangenheit. VOLKER BRAUN: Schauspiel *Hinze und Kunze* (1973). Thema: Kritik an den Unzulänglichkeiten sozialistischer Produktionsweise.
IRMTRAUD MORGNER (1933–1990): Roman *Leben und Abenteuer der Trobadora Beatriz* (1974), Thema: Stellung der Frau früher und in der DDR. BRIGITTE REIMANN (1933–1973): Roman *Franziska Linkerhand* (1974). Thema: Eine berufstätige Frau in der sozialistischen Gesellschaft. VOLKER BRAUN: Erzählung *Unvollendete Geschichte* (1975). Thema: Grundsätzliche Zweifel junger Menschen an der von den „Vätern" bestimmten DDR.

Erneute Verschärfung des kulturpolitischen Kurses: Wolf Biermann darf nach seiner Tournee in die Bundesrepublik Deutschland nicht in die DDR zurückkehren. Zahlreiche Künstler protestieren und werden gemaßregelt, einige von ihnen übersiedeln später in die Bundesrepublik Deutschland, u. a. JUREK BECKER, SARAH KIRSCH, GÜNTER KUNERT. REINER KUNZE (*Die wunderbaren Jahre*, 1977) kann nach jahrelangen Schikanen ebenfalls 1977 ausreisen. In der Literatur weiterhin kritische Sicht des Alltags im Sozialismus und der Vergangenheit, die 1945 nicht „bewältigt" zurückblieb, sondern noch das Verhalten der DDR-Bürger bestimmt.

1976 Ausbürgerung Biermanns

HEINER MÜLLER: Schauspiele *Germania Tod in Berlin* (1976): Gegenüberstellung von Szenen der Zeit zwischen 1919 und 1945 und solchen aus dem Alltag der DDR, *Hamletmaschine* (1978): Hamlet als barbarischer Revolutionär. CHRISTA WOLF: Roman *Kindheitsmuster* (1976). Thema: Auseinandersetzung mit der nationalsozialistischen Vergangenheit. Erzählung *Kassandra* (1983). Thema: Was macht Menschen zu kriegsbereiten „Helden"? JUREK BECKER: Roman *Schlaflose Tage* (1978, Bundesrepublik Deutschland). ERICH LOEST (*1926): Roman *Es geht seinen Gang oder Mühen in unsere Ebene* (1978): Alltag und alltägliche Menschen in der DDR. Autobiografie *Durch die Erde ein Riss* (1981). GÜNTER DE BRUYN (*1926): Erzählung *Märkische Forschungen* (1978). Thema: Suchen nach geschichtlicher Wahrheit, gegen Geschichtsklitterung. STEFAN HEYM (*1913–2001): Roman *Collin* (1979). Thema: Schuldhaftes Versagen und Verfolgungen der Vätergeneration in den Anfängen der DDR. Roman *Ahasver* (1981). Thema: Der ruhelos wandernde Jude als Mittelpunktfigur einer phantasievollen und satirischen Betrachtung früherer Jahrhunderte und der Gegenwart. MAXIE WANDER (1933–1977): *Guten Morgen, du Schöne. Frauen in der DDR. Protokolle* (1977).

Autoren und Werke

Textbeispiele

WOLF BIERMANN: *Deutsches Dunkel (1968)*

ES SENKT DAS DEUTSCHE DUNKEL
Sich über mein Gemüt
Es dunkelt übermächtig
In meinem Lied

Das kommt, weil ich mein Deutschland
So tief zerrissen seh
Ich lieg in der bessren Hälfte
Und habe doppelt Weh

CHRISTA WOLF: *Der geteilte Himmel (1963, Ausschnitt)*

[...] Sie gingen die Straße hinunter bis an einen großen runden Platz, der, fernab vom Verkehr, um diese Zeit fast einsam war. Sie blieben an seinem Rand stehen, als scheuten sie sich, seine Ruhe zu verletzen. Eine merkwürdige, aus vielen Farben gemischte Tönung, die über dem Platz lag, lenkte ihre Blicke nach oben. Genau über ihnen verlief, quer über den großen Platz, die Grenze zwischen Tag- und Nachthimmel. Wolkenschleier zogen von der schon nachtgrauen Hälfte hinüber zu der noch hellen Tagseite, die in unirdischen Farben verging. Darunter – oder darüber? – war Glasgrün, und an den tiefsten Stellen sogar noch Blau. Das Stückchen Erde, auf dem sie standen – eine Steinplatte des Bürgersteigs, nicht größer als ein Meter im Quadrat –, drehte sich der Nachtseite zu. Früher suchten sich Liebespaare vor der Trennung einen Stern, an dem sich abends ihre Blicke treffen konnten. Was sollen wir uns suchen? „Den Himmel wenigstens können sie nicht zerteilen", sagte Manfred spöttisch. Den Himmel? Dieses ganze Gewölbe von Hoffnung und Sehnsucht, von Liebe und Trauer? „Doch", sagte sie leise. „Der Himmel teilt sich zuallererst." [...]

WOLF BIERMANN: *Und als wir ans Ufer kamen (1978)*

Und als wir ans Ufer kamen
Und saßen noch lang im Kahn
Da war es, dass wir den Himmel
Am schönsten im Wasser sahn
Und durch den Birnbaum flogen
Paar Fischlein. Das Flugzeug schwamm
Quer durch den See und zerschellte
Sachte am Weidenstamm
– am Weidenstamm

Was wird bloß aus unsern Träumen
In diesem zerrissnen Land
Die Wunden wollen nicht zugehn
Unter dem Dreckverband
Und was wird mit unsern Freunden
Und was noch aus dir, aus mir –
Ich möchte am liebsten weg sein
Und bleibe am liebsten hier
– am liebsten hier

Literarische Entwicklungen im deutschsprachigen Raum

Die 80er Jahre – Umbruch, Wende und „Regeneration der Literatur"

Die 80er Jahre sind gekennzeichnet durch die stärksten weltpolitischen Umbrüche und Veränderungen seit dem Ende des 2. Weltkrieges mit grundlegenden Folgen für Europa und hier vor allem für Deutschland, Mittel-Ost-Europa und die Sowjetunion – beginnend mit der Öffnungspolitik Gorbatschows (Glasnost, Perestroika) bis zur politischen „Wende" und dem Fall der Berliner Mauer 1989. Gleichzeitig ausgelöst durch die Reaktorkatastrophe von Tschernobyl (Ukraine) 1986 Thematisierung einer ökologischen, atomaren Bedrohung → Endzeitstimmung: CHRISTA WOLF: *Störfall. Nachrichten eines Tages* (1987).

Historisch-politische und kulturelle Situation

1985 Beginn von „Glasnost" und „Perestroika" (Gorbatschow-Ära). 1986 Reaktorkatastrophe von Tschernobyl. 1989 (9. Nov.) Öffnung der Mauer in Berlin, Reisefreiheit für DDR-Bürger in den Westen. 1990 (31. Aug.) Einigungsvertrag zwischen den beiden deutschen Staaten. 1990 (3. Okt.) Wiedervereinigung beider deutscher Staaten, Fest der Einheit, Ende der Nachkriegszeit

Geschichtliche Daten

Die wirtschaftliche und gesellschaftspolitische Brüchigkeit des kommunistischen Systems führt zur Infragestellung gewohnter Erklärungsmuster, zu Verunsicherung und vorsichtiger Annäherung (MARTIN WALSER: *Über Deutschland reden*, 1989). In der Literatur Problematisierung interkultureller Mitverantwortung für menschenverachtende Unterdrückung als Ergebnis eines vermeintlich aufklärerischen Humanisierungsprogramms: CHRISTOPH HEIN: „Wir haben den Gral nicht gefunden" in: *Die Ritter der Tafelrunde* (1989). Sorge um die „Zerstörung des Individuums", Forderung nach dem „Primat der Person", erneute, differenziertere Diskussion über Nietzsches Lebensphilosophie. Distanz gegenüber der Politisierung von Literatur, neuer Umgang mit antiken Stoffen, traditionellen Formen, Standortsuche, „Wiederentdeckung, der Ressourcen einer literarisch fundierten Humanität" (Peter Wapnewksi, 1933).
In diesem Jahrzehnt der *Regeneration der Literatur* beginnt auch ein Generationswechsel der Autoren bei gleichzeitig vielfältigen literarischen Strömungen – noch ohne klare Profilierung, aber mit hohem Kunstanspruch.

Themen Tendenzen Merkmale

Entsprechende Themen u.a. bei CHRISTOPH HEIN (*1944): Novelle *Der fremde Freund* (1983; in der Bundesrepublik: *Drachenblut*), Scheitern einer Beziehung; CHRISTA WOLF: Erzählung *Kassandra* (1983), Bedrohung des Einzelnen, Zivilisationskritik; HELGA KÖNIGSDORF (*1938): Erzählung *Respektloser Umgang* (1986), Verantwortung der Naturwissenschaftler; GÜNTER GRASS: Roman *Die Rättin* (1986), Endzeitvision; SIEGFRIED LENZ (*1926): Roman *Exerzierplatz* (1985), ähnlich wie in *Das Vorbild* (1973) und *Heimatmuseum* (1978) Frage nach dem Verhältnis von Gegenwart und Vergangenheit; STEFAN HEYM: Roman *Ahasver* (1981), der ewig wandernde Jude als satirischer Beobachter von Vergangenheit und Gegenwart; MONIKA MARON (*1941): Roman *Flugasche* (1981), Auseinandersetzung mit dem Sozialismus; ELFRIEDE JELINEK (*1946): Roman *Die Klavierspielerin* (1983), Problematisierung Mutter-Tochter-Bezie-

Erzählende Literatur

45

hung, verfilmt 1989 mit Isabelle Huppert; PATRICK SÜSSKIND (*1949): Roman *Das Parfüm* (1985), Kriminalfall im 18. Jahrhundert in Frankreich, verfilmt 2006.

Dramen

Pessimistische Weitsicht, Absage an die Veränderbarkeit der Welt, monologisierende Einsamkeit. HEINER MÜLLER: *Verkommenes Ufer Medeamaterial Landschaft mit Argonauten* (1982), der neue Mensch als barbarischer Schrecken; THOMAS BERNHARD: *Heldenplatz* (1988), Monotonie, Vergangenheitsentlarvung; BOTHO STRAUSS: *Kalldeway. Farce* (1981), *Der Park* (1983), *Die Zeit und das Zimmer* (1988): Zynismus und Entfremdung; PETER HANDKE: Drehbuch *Der Himmel über Berlin* (1987) – seinerzeit sehr beachteter Film in der Regie von Wim Wenders

Lyrik

Renaissance der Lyrik als autonomer poetischer Sprechweise, Rehabilitierung artifizieller, ästhetischer Kategorien. Wiedergewinnung der Form, u. a. des Reims „als Technik der Beschwörung, des Zaubers, der Magie" (Peter Rühmkorf: Frankfurter Poetik-Vorlesungen, 1980). Programmatisch KARL KROLOW (1915–1999): *Herbstsonett mit Hegel* (1981). Subtiles Anknüpfen an lyrische Tradition, schriftstellerisches Handwerkszeug; Verbindung von Naturbild, lyr. Paradox, Barockgedicht. Computerzeichen, Lakonismen, Melancholie schwarzem Humor und Sprachwitz u. a. bei SARAH KIRSCH (*1935): *Erlkönigs Tochter* (1983), *Katzenleben* (1984), *Schneewärme* (1989); ELKE ERB (*1938): *Trost. Gedichte und Prosa* (1982); ERICH FRIED: *Liebesgedichte* (1983); ULLA HAHN (*1946): *Hals über Kopf* (1981), *Unerhörte Nähe* (1988); JÜRGEN BECKER (*1932): *Das Ende der Landschaftsmalerei* (1981); KLAUS MODICK (*1962): Sonette: *Der Schatten den die Hand wirft* (1991); DURS GRÜNBEIN (*1962): *Schädelbasislektion* (1991).

Textbeispiele

GÜNTER GRASS: *Die Rättin (1986, Ausschnitt)*
[...] Wahrlich, ihr seid nicht mehr! höre ich sie verkünden. Wie einst der tote Christus vom Weltgebäude herab, spricht weithallend die Rättin vom Müllgebirge: Nichts spräche von euch, gäbe es uns nicht. Was vom Menschengeschlecht geblieben, zählen wir zum Gedächtnis auf. Vom Müll befallen, breiten sich Ebenen, strändelang Müll, Täler, in denen Müll sich staut. [...] All das redet von euch ohne Unterlaß. Ihr und eure Geschichten in Klarsichtfolie verschweißt, in Frischhaltebeuteln versiegelt, in Kunstharz gegossen, in Chips und Klips ihr: das gewesene Menschengeschlecht. [...]

CHRISTA WOLF: *Störfall. Nachrichten eines Tages (1987, Ausschnitt)*
[...] Leichtfertig und unbesorgt habe ich das Wasser an mir herunterrinnen lassen. Jeder einzige der zahllosen Experten, die jetzt wie Pilze aus der Erde schießen (Pilze! ungenießbar für diese Saison!), hat das Grundwasser für noch lange, lange nicht – vielleicht diesmal überhaupt noch nicht! – gefährdet erklärt. In einem Bächlein helle. Es ist eine Unart, beim Duschen zu singen. [...] Die launische Forelle. Speicherfisch für radioaktive Zerfallsprodukte. Je nachdem, welcher der Parteien, in die auf vorhersagbare Weise die Öffentlichkeit zerfällt, der Experte angehört hat und ob er Optimist oder Pessimist gewesen ist, hat er gesagt: Nein. Keinesfalls wird der Reaktorkern durchschmelzen. Oder: Aber doch. Doch, doch. Auch das ist gar nicht ausgeschlossen. [...]

DURS GRÜNBEIN: *12/11/89 (aus: Schädelbasislektion, 1991)*
Komm zu dir Gedicht, Berlins Mauer ist offen jetzt.
Wehleid des Wartens, Langeweile in Hegels Schmalland
Vorbei wie das stählerne Schweigen ...

Die 90er Jahre – Aufbruch und Ernüchterung – der Weg in die Postmoderne

In der ersten Hälfte der 90er Jahre: politische Neuordnung nach dem Zusammenbruch des alten Sowjetimperiums in den Staaten des ehemaligen Ostblocks: freie Wahlen, demokratische Parteienbildung, neue, meist westlich orientierte Regierungen. Abzug der sowjetischen Truppen aus ganz Mittel- und Osteuropa – Ende des Kalten Krieges.

Historisch-politische und kulturelle Situation

1989 Beginn der „Samtenen Revolution" in Prag. 1991 deutsch-polnischer Vertrag über gute Nachbarschaft. 1991 Erster Golfkrieg USA–Irak. 1994 Abzug der sowjetischen Truppen. Vielbeachtete Rede von Bundespräsident Richard v. Weizsäcker. 1997 Unterzeichnung der deutsch-tschechischen Erklärung. 1999 Beitritt Polens, Tschechiens und Ungarns zur NATO.
1991–1999 Kriegerische Auseinandersetzung auf dem Balkan. 1995 (8. Mai) Staatsakt zum 50. Jahrestags des Kriegsendes in Berlin.

Geschichtliche Daten

Einerseits Aufbruchstimmung, anderseits Ernüchterung. Die Herausforderungen des schwierigen innerdeutschen Zusammenwachsens werden zögernd, z.T. sehr persönlich literarisch verarbeitet, begleitet von Auseinandersetzungen über die „Stasi-Vergangenheit" (z.B. Kontroverse über den Zusammenschluss der Schriftstellerverbände Ost–West). Großes Thema: Der Einfluss der Medien und die Konkurrenz für das Buch durch die Unterhaltungsindustrie. Neue gesellschaftliche Herausforderungen durch die Folgen weltweiter Globalisierung der Märkte und der Kommunikation mit einschneidenden Konsequenzen für den Medien- und Verlagsbereich. In der Literatur keine einheitlichen Leitideen oder Epochenmerkmale, wohl aber eine gewisse Verstetigung und Kontinuität der bereits in den 80er Jahren angelegten Entwicklungen. Das Ende der Nachkriegszeit markiert auch den Beginn einer sogenannten Postmoderne: Verknüpfung poetischer, persönlicher, politischer Elemente, Fortsetzung der starken Präsenz lyrischer Texte, die Wiederentdeckung des Erzählens, Enttabuisierung schwieriger Themen aus Kriegs und Nachkriegszeit, die „Rückkehr von Mythen und Metaphern" in der neuen Sprache einer jungen Schriftstellergeneration, die sich auf die Jahrtausendwende und das „neue Millenium" hin orientiert.

Themen, Tendenzen, Merkmale

Die Hoffnungen auf den „großen" Roman über Deutschland nach dem Mauerfall erfüllen sich nicht. Eher beiläufig ironisch-sarkastische Kommentierung, u.a. in THOMAS BRUSSIG (*1965): *Helden wie wir* (Erzählung, 1995); allerdings auch eine als Umsetzung für das Fernsehen sehr erfolgreiche Darstellung der Situation in der DDR und Ost-Berlin um den 9. November 1989 herum: ERICH LOEST: *Nikolaikirche* (1995); auch Erklärungsversuche persönlicher Verstrickungen, so CHRISTA WOLF:

Erzählende Literatur

47

Was bleibt (1990). Außerdem GÜNTER GRASS: *Ein weites Feld*, Roman (1995): in der Annäherung an FONTANE orientierte Darlegung der Ost-West-Probleme und die Bilanzierung der Jahrtausendwende in *Mein Jahrhundert* (1999). 1999 Nobelpreis für Literatur für sein Gesamtwerk. Wiederentdeckung des Erzählens in der deutschen Literatur, u. a. JUDITH HERMANN (*1970): *Sommerhaus, später* (Erzählungen, 1998); BERNHARD SCHLINK (*1944): *Der Vorleser* (Roman, 1995); JUREK BECKER: *Bronsteins Kinder* (Roman, 1996). CHRISTA WOLF: *Medea-Stimmen* (Roman, 1996) als Fortsetzung der literarischen Neudeutung mythischer Gestalten: hier Umkehrung der Täter-Opfer-Situation als Spiegelung menschlicher und politischer Gegenwartserfahrungen. MARCEL BEYER (*1965): *Flughunde* (Roman, 1995): Collage aus inneren Monologen, teils fiktiv, teils historisch aus der Zeit 1933–1945.

Bühne

Da in diesem Zeitraum wenige „neue", interessante Theaterstücke auf die Bühnen kommen, gibt es kontroverse Diskussionen eher um spektakuläre Theaterinszenierungen oder um unerwartet provokante politische Positionen von Bühnenschriftstellern, so Botho Strauß mit dem Essay *Anschwellender Bocksgesang* im Spiegel 1993 und Peter Handkes Reisebericht 1996 über Serbien.

Lyrik

Fortsetzung und Vertiefung des im „Jahrzehnt der Lyrik" der 80er Jahre wieder selbstverständlicher gewordenen Umgangs mit der metaphorischen Andeutungssprache der Poesie, dieser „jähe Zugriff aufs Innerste", versuchsweise mit dem Begriff „neue Innerlichkeit" gefasst. ALFRED KOLLERITSCH (*1931): *Gegenwege* (1991) mit der Orientierung des Sprachgestus an Körpergesten; DOROTHEE HAESELING (*1944): *was zu lieben blieb* (1991) in der Nachfolge von INGEBORG BACHMANN und CHRISTINE LAVANT; SARAH KIRSCH: *Bodenlos* (1996); HEINZ CZECHOWSKI (*1935): *Nachtspur* (1993); H. M. ENZENSBERGER: *Kiosk* (1995); ULLA HAHN: *Liebesgedichte* (1993); DURS GRÜNBEIN: *Fallen und Falten* (1994), *Nach den Satiren* (1999); ELKE ERB: *Mensch sein, nicht*, Gedichte und andere Tagebuchnotizen (1998), Auseinandersetzung mit der inneren Spaltung nach der Wende; HILDE DOMIN (1909–2006): *Der Baum blüht trotzdem* (1999), eindrucksvolles Vermächtnis einer „Rückkehr in die Sprache".

Textbeispiele

JUDITH HERMANN: *Sommerhaus, später (Anfang der Titelgeschichte, 1998)*
Stein fand das Haus im Winter. Er rief mich irgendwann im den ersten Dezembertagen an und sagte: „Hallo", und schwieg. Ich schwieg auch. Er sagte: „Hier ist Stein", ich sagte: „Ich weiß", er sagte: „Wie geht's denn", ich sagte: „Warum rufst du an", er sagte: „Ich hab's gefunden", ich fragte verständnislos: „Was hast du gefunden?" und er antwortete gereizt: „Das Haus! Ich habe das Haus gefunden." […]

Diesseits der Oder
[…] Die Dunkelheit kommt früh, weil es Herbst wird. Unter den Pflaumenbäumen im hinteren Teil des Gartens ist das Licht schon grau; die Oder wird jetzt rosa und hellblau sein. Koberling denkt, dass er 47 Jahre gebraucht hat, um festzustellen, dass Kornfelder und Seen und Flüsse noch einmal hell werden, bevor es Nacht wird. Er hat dieses Haus gebraucht, um das festzustellen […]

HILDE DOMIN: *Wahl (Schlussstrophen aus: Der Baum blüht trotzdem 1999)*
[...]
Lachen und Weinen und die unmögliche
Wahl haben
und nichts ganz recht tun
und nichts ganz verkehrt
und vielleicht alles verlieren
Doch mit Ja und Nein und Für-immer-vorbei
nicht müde werden
sondern dem Wunder
leise
wie ein Vogel
die Hand hinhalten

Die Jahrtausendwende – Bilanz und Perspektive

Das neue Jahrtausend beginnt mit der Globalisierung des Terrors. Der Angriff auf die Gebäude des World Trade Centers durch islamistische Terroristen wird zur entscheidenden weltpolitischen Zäsur: „Nichts wird mehr so sein wie vorher." Die weltweite Bedrohung durch Terror und Kriegsgefahr bestimmt zunehmend die politische und gesellschaftliche Diskussion. Ein Kampf der Kulturen scheint sich abzuzeichnen zwischen fundamentalistischem Islam und westlich orientierter Aufklärung mit der Folge einer neuen Suche nach der eigenen Kultur und Geschichte, gerade auch im europäischen Raum. Hierzu trägt vor allem die Aufbruchsituation in den Staaten Mittel- und Osteuropas bei, deren Beitritt zur Europäischen Union 2004 die Fragen nach der Bestimmung einer zeitgemäßen belastbaren europäischen Identität neu aufwirft. Aufgrund der anhaltenden wirtschaftlichen Probleme werden gesellschaftliche Verwerfungen deutlicher, die Freisetzung des Individuums durch die emanzipatorischen Entwicklungen nach der Studentenrevolte 1968 gerät an ihre Grenzen und ruft die Forderung nach neuer verlässlicher wertorientierter Verantwortung des Menschen hervor. Sinn- und Identitätssuche, Wertediskussion, Aufgaben von Bildung und Erziehung, die Probleme einer alternden Gesellschaft, Absage an Ideologien, eine neue Bürgerlichkeit und die Wiedergewinnung eines differenzierten historischen Bewusstseins – das sind gesamtgesellschaftliche Themen, die sich auch in der Literatur spiegeln. Nach den starken Diversifizierungen, Spezialisierungen, Vereinzelungen der letzten Jahrzehnte nun angesichts der Verunsicherungen und komplexer werdenden Herausforderungen – auch durch neue Technologien und Arbeitsstrukturen – deutliche Tendenz hin zu Übersichts- und Einordnungskriterien, Standardisierungen: „Was bleibt?" Nutzung von Synergien und Synthesen, grenzüberschreitenden Gemeinsamkeiten – ablesbar an der Annäherung zwischen geisteswissenschaftlichen und naturwissenschaftlichen Disziplinen, Themen, Theorien.

Die historische Dimension in Form von Bilanzierungen, Biographien und Spurensuche in der eigenen Vita, der Familie, den Orten und Landschaften, verstärkte li-

Historisch-politische und kulturell-gesellschaftliche Situation

Themen

Tendenzen

Merkmale

Die historische Dimension

Bilanzierung

Biographien

terarische Aufarbeitung tabuisierter Themen aus der Zeit von 1933–1945 und danach – das ist ein wichtiger Schwerpunkt, nicht nur in der Literatur, sondern in allen Medien. Dabei Versuch des Ausbalancierens von Betroffenheit und unaufgeregter Differenzierung aus der zeitlichen Distanz. So wird das Thema der Vertreibung der Deutschen aus dem Osten erstmals literarisch umgesetzt: GÜNTER GRASS: Novelle *Im Krebsgang* (2002); SIEGFRIED LENZ: Roman *Fundbüro* (2003)ˑ ERICH LOEST: Roman *Reichsgericht* (2001), DURS GRÜNBEIN: *Das erste Jahr* (2001) und *Porzellan. Poem vom Untergang meiner Stadt* (2005) mit der „Klage um [das im 2. Weltkrieg zerstörte] Dresden". Die Weihe der zerstörten und wiederaufgebauten Frauenkirche am 30. Oktober 2005 in Dresden wird zum weltweiten Symbol für Versöhnung und Wiedergewinnung kultureller Identität.

Geschichtliche Daten

2001 (11. Sept.) Terrorangriff auf das World Trade Center (New York), weltweites Terrornetzwerk Al Quaida. 2003 Krieg gegen den Irak (USA und Verbündete) wegen möglicher Unterstützung von Al Quaida und Massenvernichtungswaffen. 2004 (1. Mai) Beitritt von 10 weiteren europäischen Staaten zur Europäischen Union, u. a. Polen, Tschechien, Ungarn und die baltischen Staaten

Vermächtnisse

Die etablierte Schriftstellergeneration geht in das neue Jahrtausend mit ironisch-heiteren „Vermächtnissen", wie GÜNTER GRASS: Gedichte *Letzte Tänze* (2003), Eros und Alter als ganz persönliches Thema oder mit Provokationen wie bei MARTIN WALSER: Roman *Tod eines Kritikers* (2002), Auseinandersetzung mit dem Literaturkritiker Marcel Reich-Ranicki. Essays, Reden, Aufsätze kommen als Sammlungen heraus: PETER HANDKE: *Mündliches und Schriftliches. Zu Büchern, Bildern und Filmen 1992–2000* (2002); DURS GRÜNBEIN: *Warum schriftlos leben?* (Aufsätze, 2003); BOTHO STRAUSS: *Das letzte Jahrhundert des Menschen* (2002); MARTIN WALSER: Aufsätze *Die Verwaltung des Nichts* (2004); H. M. ENZENSBERGER: Essays *Die Nomaden im Regal* (2003).

Vergewisserung und Neujustierung der kulturellen Tradition

Auffällig auch das bewusste Anknüpfen an Traditionen, Hinwendung zu historischen Persönlichkeiten, literarisch interessanten Vorbildern, auch mit Neuübersetzungen von Shakespeare (P. HANDKE, W. BIERMANN) und den antiken Schriftstellern (P. HANDKE, D. GRÜNBEIN). PETER HANDKE: *Don Juan (erzählt von ihm selbst)* (2004); DURS GRÜNBEIN: Aufsätze *Antike Dispositionen* (2005), *An Seneca. Postskriptum* (2004), *Vom Schnee oder Descartes in Deutschland* (2003). H. M. ENZENSBERGER bringt mit der Neuherausgabe des *Kosmos* von ALEXANDER V. HUMBOLDT (2004) die Geschichte der Wissenschaft, die großen Entdecker und Forscher in die öffentliche Diskussion. Dadurch Verstärkung der Tendenz zum „Wissenschaftsroman" (historisch oder spekulativ), und der literarischen Beschäftigung mit der Mathematik (z. B. H. M. ENZENSBERGER: *Der Zahlenteufel*, Mathematik-Brevier, 2002) und den naturwissenschaftlichen Phänomenen (Zeit, Raum, Zufall, Klonen); so DANIEL KEHLMANN (*1975): Roman *Die Vermessung der Welt* (2005), A. v. Humboldt und F. Gauß in fiktiver Begegnung; THOMAS LEHR (*1957): Roman *42* (2005), die Fiktion des plötzlichen Anhaltens der Weltzeit.

Die neue Schriftstellergeneration

Diese Autoren zählen zu einer jungen Schriftstellergeneration, die mit ihrer „neuen Leichtigkeit des Erzählens" auch international den Durchbruch schafft. Dazu gehört als sogenannte „Generation Golf" JUDITH HERMANN, auch mit dem zweiten

Romans 2003 *Nichts als Gespenster*, ROBERT LÖHR (*1973): Roman *Der Schachautomat* (2006); JUDITH KUCKART (*1959): Roman *Kaiserstraße* (2006), u. a. Nicht mehr spröde und langweilig, wie es vielfach über die deutsche Gegenwartsliteratur heißt, sondern in einer „idealen Mischung aus Unterhaltung, europäischer Geschichte und Originalität" (Der Spiegel, 2/2006) wird hier der internationale Zeitgeist getroffen.

CHRISTA WOLF: *Mit anderem Blick* (Erzählungen, 2002); MARTIN WALSER: *Der Augenblick der Liebe* (Roman, 2004); CHRISTOPH HEIN: *Landnahme* (Roman, 2004); BERNHARD SCHLINK: *Heimkehr* (Roman 2006); HANS-ULRICH TREICHEL (*1952): *Menschenflug* (Roman, 2006, Fortsetzung der Brudersuche in: *Der Verlorene* (1998); INGO SCHULZE (*1962): *Neue Leben* (Roman, 2005); melancholische Innensicht von Deutschland; MARTIN KLUGER (*1948): *Die Gehilfin* (Wissenschaftsroman, 2006); THOMAS LANG (*1967): *Am Seil*, Vater-Sohn-Konflikt (Roman, 2006); CLEMENS MEYER (*1977): *Als wir träumten* (Debütroman 2006 über die „wüste ostdeutsche Jugend").

Autoren und Werke

Erzählende Literatur

BOTHO STRAUSS: *Schändung* nach *Titus Andronicus* von W. Shakespeare (2005). Die Inszenierungen werden „Theaterskandale" und führen zu Diskussionen über die Zumutbarkeit bzw. Freiheit des Regietheaters. ELFRIEDE JELINEK: *In den Alpen* (2002), *Bambiland* (2003), *Babel* (2005). Der 2004 an die Schriftstellerin vergebene Nobelpreis für Literatur war in der Öffentlichkeit sehr umstritten.

Schauspiel

„Wiederentdeckung" von FRIEDERIKE MAYRÖCKER (*1924), deren gesammelte Gedichte, Hörspiele und Übersetzungen nach 2000 erscheinen: *Magische Blätter* (2001), *Requiem für Ernst Jandl* (2001), ihr langjähriger Lebensgefährte; *Gesammelte Gedichte 1939–2003* (2005); ULLA HAHN: *Süßapfel rot* (2003), *So offen die Welt* (2004); H.M. ENZENSBERGER: *Geisterstimmen, Übertragungen und Nachdichtungen* (2000), *Die Geschichte der Wolken* (2003); CHRISTOPH MECKEL: *Ungefähr ohne Tod im Schatten der Bäume* (2003).

Lyrik

DANIEL KEHLMANN: *Die Vermessung der Welt (Ausschnitt, 2005)*
[…] Gauß legte die Pfeife weg, zog die Samtmütze über den Hinterkopf, steckte das russische Wörterbuch und den kleinen Puschkin-Band ein und machte sich auf, vor dem Abendessen spazieren zu gehen […] Er dachte an Humboldt, gern hätte er ihm eine gute Rückfahrt gewünscht, aber am Ende kam man nie gut zurück, sondern jedes Mal ein wenig schwächer und zuletzt gar nicht mehr. Vielleicht gab es ihn ja doch, den lichtlöschenden Äther. Aber natürlich gab es ihn, dachte Humboldt in seiner Kutsche […] Tatsachen, die verblieben noch, er werde sie alle aufschreiben, ein ungeheures Werk voller Tatsachen […] Fakten und Zahlen, sagte er mit unsicherer Stimme, die könnten einen vielleicht retten. Bedenke er zum Beispiel, dass sie dreiundzwanzig Wochen unterwegs gewesen seien, vierzehntausendfünfhundert Werst zurückgelegt und sechshundertachtundfünfzig Poststationen aufgesucht hätten und, er zögerte, zwölftausendzweihundertvierundzwanzig Pferde benützt, so ordne sich die Wirrnis zur Begrifflichkeit und man fasse Mut. Aber während die ersten Vororte Berlins vorbeiflogen und Humboldt sich vorstellte, wie Gauß eben jetzt durch sein Teleskop auf Himmelskörper sah, deren Bahnen er in einfache Formeln fassen konnte, hätte er auf einmal nicht mehr sagen

Textbeispiele

können, wer von ihnen weit herumgekommen war und wer immer zu Hause geblieben. […]

GÜNTER GRASS: *Letzte Tänze (Ausschnitt, 2003)*
Sah einen Schwan
Auf schwarzem Tümpel.
Nicht er, ich erschrak.
Zuviel Schönheit mit Gleichmut gepaart.
Hielt es nicht aus. Ging.

[…]
Ach stünde die Welt doch Kopf!
Vielleicht fiele ihr was
Aus der Tasche.
Der Schlüssel, zum Beispiel,
passend zum Ausweg.

✓ Checklisten

Mittelalter / Renaissance / Humanismus
- Nennen Sie wesentliche Merkmale der unterschiedlichen Phasen in der Zeit des Mittelalters, dazu jeweils wichtige Autoren und Werke.
- Erklären Sie die Begriffe: politische Religiosität, Lehenswesen, karolingische Renaissance, Heldenepos, Minnesang, ritterliche Tugenden.
- Was bedeuten die Epochenbezeichnungen Renaissance und Humanismus? Welche wichtigen Erfindungen und Entdeckungen wurden in dieser Zeit gemacht?
- Welche Folgen hatte die Reformation Martin Luthers u. a. für die deutsche Sprache?

Barock
- Nennen Sie wesentliche Merkmale von Literatur und Sprache in dieser Zeit.
- Welches sind die beiden wichtigen Werke von H. J. C. von Grimmelshausen und welche Bedeutung erlangen sie über die Entstehungszeit hinaus?
- Wer war der wichtigste Dichter des schlesischen Barock? Nennen Sie Lebensdaten, Werke und Hauptthemen.

Aufklärung
- Welches sind die entscheidenden Grundgedanken der Aufklärung? Beschreiben Sie unter Erläuterung der Begriffe „Primat der Vernunft", Rationalismus und „kategorischer Imperativ" den philosophischen Hintergrund dieser Entwicklung.
- Welche Funktion kam in diesem Rahmen der Literatur zu, mit welchen Konsequenzen?
- Nennen Sie wichtigste Werke von G. E. Lessing. Informieren Sie sich zusätzlich über den Begriff der Humanität, die in diesen Werken eine so große Rolle spielt.

Sturm und Drang
- Welche historisch-politischen Hintergründe hatte diese Bewegung?
- Welchen Einfluß hat die Literatur Shakespeares, und welche Bedeutung hat J. G. Herder in diesem Zusammenhang? Erklären Sie dabei die Vorstellung vom „Originalgenie".
- Nennen Sie die Zentren der Bewegung, einige Autoren und bedeutende Werke mit inhaltlichen Themen und den entsprechenden Daten.
- Erklären Sie die Vorstellung vom „Originalgenie".

Klassik
- Erklären Sie und grenzen Sie ab: „Was versteht man in der Kulturgeschichte unter einer *klassischen Epoche*?" und „Was versteht man unter der *Weimarer Klassik*?"
- Welche Einfluß hatten die Frz. Revolution und die Philosophie Kants?
- Beschreiben Sie die Idealvorstellungen der Weimarer Klassik u. a. im Hinblick auf die Bestimmung des Menschen, das Schönheitsideal, die Rolle der Kunst und den tragischen Wertekonflikt.
- Benennen Sie die wichtigsten Lebensdaten, Werke und besonderen Schwerpunkte von Goethe und Schiller und stellen Sie dies in einen Zusammenhang mit den Grundtendenzen der Weimarer Klassik.

✓ Checklisten

Romantik
- Welche Phasen innerhalb der Entwicklung sind erkennbar? Nennen Sie die jeweilige zeitliche Einordnung, die Zentren sowie die prägenden Autoren und Werke. Welche Bedeutung erhalten literarische Salons?
- Welche Tendenzen und Merkmale kennzeichnen die Romantik? Erklären Sie dabei auch die Bedeutung der Geschichte und der wissenschaftlichen Forschungen.
- Was versteht man unter der „romantischen Ironie"? Welche literarischen Formen wurden bevorzugt und warum?

Biedermeier/ Vormärz/ Junges Deutschland
- Welche historischen und kulturellen Strömungen beeinflussen seit der Biedermeierzeit das 19. Jahrhundert?
- Nennen Sie einige wesentliche Kennzeichen der damaligen Literatur, Autoren und Werke. Welcher Zusammenhang besteht zwischen Romantik und Biedermeier?
- Welche historischen Ereignisse führen zum Aufbruch der akademischen Jugend im Vormärz? Von welchen philosophischen Ideen wird sie besonders beeinflusst? Wogegen wendet man sich, was wird gefordert?
- Nennen Sie Lebensdaten, wichtige Werke und die literarische Wirkung von Georg Büchner und Heinrich Heine?

Realismus
- Nennen Sie wichtige kultur- und geistesgeschichtliche Entwicklungen in dieser Zeit.
- Was versteht man unter der Bezeichnung *Ära Bismarck*?
- Wodurch ist die Literatur der Zeit gekennzeichnet?
- Nennen Sie Lebensdaten und Werke bedeutender Autoren dieser Zeit und informieren Sie sich zusätzlich über die gleichzeitig entstehenden großen Romane anderer europäischer Schriftsteller.

Naturalismus/ Gegenpositionen
- Was versteht man unter *Naturalismus*, welche historischen und geistesgeschichtlichen Entwicklungen prägen diese Zeit?
- Wodurch sind das naturalistische Drama und die entsprechende Erzählweise gekennzeichnet? Gehen Sie hierbei vor allem auf Werke von G. Hauptmann ein.
- Welche Gegenpositionen zum Naturalismus haben sich herauskristallisiert? Nennen Sie Schriftsteller, Werke und die jeweils besonderen Merkmale.

Expressionismus
- Welches sind die prägenden historischen und geistesgeschichtlichen Erfahrungen? Warum werden *Logik* und *Erklärbarkeit* abgelehnt?
- Nennen Sie wesentliche Merkmale der expressionistischen Sprache.
- Welche Autoren und Werke stehen beispielhaft für diese Zeit? Welche sind „Grenzgänger"? Erläutern Sie die Rolle der Bildenden Kunst.

✓ Checklisten

Literarische Entwicklung zwischen 1918 und 1945

- Erläutern Sie die entscheidenden historischen und politischen Hintergründe.
- Was ist unter äußerer bzw. innerer Emigration zu verstehen? Informieren Sie sich zusätzlich über die sogenannte Exilliteratur.
- Welche besondere Prägung erhält die Erzählform des Romans in dieser Zeit? Nennen Sie wichtige Werke und Autoren und informieren Sie sich zusätzlich über die unterschiedlichen Positionen, Wirkung und literarischen Merkmale der Brüder Heinrich und Thomas Mann.
- Warum und mit welchen Merkmalen revolutioniert B. Brecht das Theater?

Die literarische Entwicklung in der Bundesrepublik Deutschland bis 1980

- Wie reagieren die Schriftsteller nach 1945 auf die jüngste Vergangenheit, Drittes Reich und Zweiter Weltkrieg? In welcher Funktion sehen sie sich? Wodurch sind Themen, Form und Sprache der Literatur geprägt?
- Zeichnen Sie die wichtigsten Phasen in der literarischen Entwicklung auf. Benennen Sie dabei bedeutende Autoren, Werke und jeweilige inhaltliche Schwerpunkte. Ordnen Sie ein: Trümmerliteratur, Gruppe 47, neue Innerlichkeit.
- Formulieren Sie knapp und konkret drei bis vier wesentliche Merkmale der Entwicklung in der erzählenden Literatur, beim Schauspiel und in der Lyrik.

Die literarische Entwicklung in der DDR bis 1980

- Von welchem kulturpolitischen Ansatz geht die DDR aus? Welchen Auftrag haben die Schriftsteller in diesem System?
- Über welche Phasen läuft die literarische Entwicklung, mit welchen programmatischen Vorgaben? Nennen Sie beispielhaft Autoren und Werke. Beziehen Sie ein: den *Bitterfelder Weg*, den *Harten Kurs*, die Ausbürgerung Wolf Biermanns.
- Verfolgen Sie die Entwicklung in den beiden deutschen Teilstaaten bis 1980, worin und woran liegen offenbar die Unterschiede in der Entwicklung der Literatur?

Literarische Entwicklungen im deutschsprachigen Raum

- Nennen Sie von Ihnen ausgewählte enttscheidende weltpolitische Ereignissse und gesellschaftspolitische Strömungen zwischen 1980 – Jahrtausendwende, die sich auch in der Literatur der Zeit widerspiegeln. Erklären Sie dabei den Begriff der sogenannten *Postmoderne*.
- Was ist unter der *Regeneration der Literatur* zu verstehen? Welche Entwicklungen sind dabei vor allem in der erzählenden Literatur und in der Lyrik zu beobachten? Nennen Sie Autoren und Werke als Beispiele.
- Wodurch zeichnet sich die neue Schriftstellergeneration um die Jahrtausendwende aus? Nennen Sie Beispiele.
- Was ist unter dem sogenannten *Wissenschaftsroman* zu verstehen? Versuchen Sie eine Erklärung für das neue literarische Interesse an den Naturwissenschaften bei einer gleichzeitigen Wiederentdeckung kultureller Tradition.

Grundbegriffe in der Literatur

Erzählende Literatur

Epik	Abgeschlossene, vergangene Begebenheiten werden vom Standpunkt eines Erzählers aus wiedergegeben. Formen: Epos, Roman, Novelle, Fabel, Parabel, Märchen, Sage, Kurzgeschichte.
Epos	Verserzählung, von einem Rhapsoden (Erzähler) vorgetragen. Beginn und Höhepunkt im 8. Jh. v. Chr. HOMER: *Ilias*, *Odyssee*. Im Mittelalter Heldenlieder und höfisches Epos.
Roman	Epische Großform, seit Ende des 13. Jh. nur in Prosa. Meist umfassend angelegte Darstellung von Einzel- oder Familienschicksalen. Stetige Entwicklung von innerer und äußerer Handlung. Vielfalt der Möglichkeiten: Abenteuerroman (CERVANTES: *Don Quichote*), Bildungsroman (G. KELLER: *Der grüne Heinrich*), Briefroman (GOETHE: *Werther*), Künstlerroman (RILKE: *Die Aufzeichnungen des Malte Laurids Brigge*), Schlüsselroman (TH. MANN: *Buddenbrooks*), psychologischer Roman (TH. MANN: *Der Zauberberg*).
Novelle	„Dramatische" Erzählung um eine „unerhörte Begebenheit" (Goethe). Nach Paul Heyse: strenge, geschlossene Form, zielgerichtete Durchführung, konzentriert auf ein Dingsymbol (ein immer wieder auftauchender Gegenstand, z. B. der „Falke" in BOCCACCIOS *Decamerone*, oder eine entsprechende Situation, z. B. bei KLEIST: *Das Bettelweib von Locarno*, STORM: *Der Schimmelreiter*).
Kurzgeschichte	Seit etwa 1920 amerikanische „short story" (HEMINGWAY): punktuell ausschnitthafte, ein Geschehen schlaglichtartig darstellende Erzählweise mit offenem Anfang und häufig offenem Schluss, mit *anonymen*, nicht individuell charakterisierten Personen. Seit 1945 in Deutschland eingebürgert, hier stärkere Durchstrukturierung, Rückgriff auf novellistische Leitmotive und auf Metaphorik. Einfluss von KAFKA in vielen gleichnishaften, parabolischen Texten: Aufhebung der Kausalität von Ort und Zeit, Überschneidung von Realität und Irrealität, Neigung zum Absurd-Grotesken.
Erzähler	Vermittler des epischen Geschehens an den Leser aus einer bestimmten Perspektive und Erzählhaltung.
auktoriale Erzählhaltung	„Allwissender" Erzähler, der einen souveränen Überblick über Schicksal und Handlungsablauf hat, vorausdeutet, kommentiert, innere Gesetzmäßigkeiten aufdeckt, den Sinn des Geschehens nennt – Kennzeichen des seit Ende des 18. Jh. weit verbreiteten Romans.
personale Erzählhaltung	Darstellung aus dem Blickwinkel einer Romanfigur, scheinbar sich selbst erzählender Text, ohne Eingreifen eines Erzählers, ohne Kommentar.
Ich-Erzählhaltung	Sehr häufig in der Gegenwartsliteratur: Ein „Ich" erzählt selbst, gibt Ereignisse als vermeintlich selbst erzählt wieder. Subjektive Perspektive als Abgrenzung zur epischen „Allwissenheit".
innerer Monolog	Wiedergabe unausgesprochener Gedanken, Assoziationen einer Person; unmittelbare Identifikation von Leser und Figur (u. a. seit JOYCE: *Ulysses*, 1922).
erlebte Rede	Formale Gestaltung der Gedanken einer Person aus der Perspektive des eigenen Bewusstseins (Mischung aus direkter und indirekter Rede).
erzählte Zeit	Zeitraum, über den sich die erzählte Handlung erstreckt.
Erzählzeit	Zeitspanne, die Wiedergabe oder Lesen eines epischen Textes ausmacht.

Drama

Szenisch-theatralische Form; die Handlung entfaltet sich in Dialog und Monolog um einen Konflikt und bedarf z. T. der Realisation des Publikums und der Bühne. Anfänge in Gesang und Tanz des Dionysos-Kults in der griechischen Antike. Möglichkeiten: Handlungsdrama, Charakterdrama, Raum- oder historisches Drama. — **Drama**

Im Zentrum steht der Wertekonflikt des Helden mit dem Schicksal (*Ödipus*, *Wallenstein*), einer anderen sittlichen Macht (*Die Räuber*), einem Charakter (*Maria Stuart*), einer Intrige (*Kabale und Liebe*), einem Aufeinandertreffen gleichrangiger Werte (*Antigone*), der Konflikt mit dem Göttlichen (*Faust*). Funktionen nach Aristoteles: Auslösung von Furcht (Schauder) und Mitleid (Jammer) und Läuterung (Katharsis) dieser Affekte. Ursprünglich Wechselgesang zwischen Chorführer und Chor, später Hinzufügen weiterer Schauspieler (AISCHYLOS, SOPHOKLES, EURIPIDES). — **Tragödie**

Im Gegensatz zur Tragödie Lösung der Konflikte in heiter-amoralischer Gelassenheit; im Zentrum steht die menschliche Unzulänglichkeit. Möglichkeiten: Situationskomödie (*Der zerbrochene Krug*), Charakterkomödie (*Minna von Barnhelm*). Begriff zunehmend durch „Lustspiel" ersetzt. — **Komödie**

Seit Aristoteles Einteilung des Dramas in Exposition, Peripetie (plötzliches Umschlagen), Katastrophe. Nach G. FREYTAG Einteilung des Dramas in Exposition, erregende Momente, Höhepunkte, retardierende Momente, Katastrophe – diese entspricht dem Aufbau des Zieldramas (Ziel = Katastrophe) in fünf Akte. Vor allem für das im Naturalismus bevorzugte analytische Drama, das ein Geschehen voraussetzt und nachträgliche, schrittweise Enthüllung zeigt (*Die Ratten*), gilt Freytags Definition nur bedingt. — **Dramenaufbau (Zielaufbau) analytisches Drama**

Von Aristoteles formulierte dramaturgische Grundregel der Einheit des Ortes, der Zeit (24 Stunden) und der Handlung. Aus dem Bemühen des griechichen Theaters um Konzentration entstanden, im französischen Klassizismus zur unabdingbaren Forderung erhoben, von SHAKESPEARE und im Sturm und Drang durchbrochen, im modernen Drama vielfach wieder eingesetzt (*Die Physiker*). — **aristotelische Einheiten**

Wechselrede zwischen zwei oder mehreren Personen. Kunstmittel zur Entfaltung von Handlung und Charakter. — **Dialog**

Selbstgespräch. Als epischer Monolog Beschreibung nicht darzustellender Situationen, als betrachtender Monolog deutender Kommentar (in der Funktion ähnlich dem griechischen Chor), als Konflikt-Monolog um Entscheidung ringendes Selbstgespräch auf dem Höhepunkt der Handlung. — **Monolog**

Bericht eines von außen kommenden Boten von auf der Bühne nicht darstellbaren, für die Handlung wichtigen Vorgängen. — **Botenbericht**

griech. = Mauerschau. Zur Erweiterung des Bühnenschauplatzes: ein parallel ablaufendes, für den Zuschauer nicht sichtbares Geschehen spiegelt sich in der Reaktion der Beobachtenden. — **Teichoskopie**

Von BRECHT ausgearbeitete Dramaturgie im Gegensatz zum aristotelisch-dramatischen Illusionstheater: dialektisch, distanziert, beurteilend. Der Zuschauer soll sich nicht identifizieren, sondern in kritischer Distanz für sich entscheiden und handeln. Hilfsmittel: Verfremdung. — **episches Theater**

Lyrik

Vers — Die aus mehreren Wörtern oder Silben gebildete Einheit (Zeile), geordnet durch Metrum bzw. Rhythmus.

Metrum (Versfuß), Metrik — Versmaß als metrisches Gesetz des Aufbaus eines Gedichts; Versfuß als Betonungseinheit. Das antike Versmaß misst nach Längen und Kürzen der Silben, die germanischen Sprachen zählen nach „Hebungen" und „Senkungen" = betonten und unbetonten Silben.

Die wichtigsten Versfüße (Betonungsmöglichkeiten) sind:

Jambus — x x́ (unbetont – betont), mit steigendem Rhythmus, schwungvoll-lebendig: Es schlúg mein Hérz, geschwínd zu Pférde (GOETHE: *Willkommen und Abschied*).

Trochäus — x́ x (betont – unbetont), mit fallendem Rhythmus: Gólden wéhn die Tǿne níeder (BRENTANO: *Abendständchen*).

Anapäst — x x x́ (unbetont – unbetont – betont), taktmäßig: Wie mein Glück, ist mein Léid (HÖLDERLIN).

Daktylos — x́ x x (betont – unbetont – unbetont), flüssig erzählendes Metrum, vor allem im Epos: Háb ich den Márkt und die Stráßen ... (GOETHE: *Hermann und Dorothea*).

Aus diesen Versfüßen entwickeln sich Formen der Verszählung, z. B.:

Hexameter — Vers aus 6 Daktylen: Ságe mir Múse, die Táten des víelgewánderten Mánnes (HOMER: *Odyssee*).

Alexandriner — Meist zwölfsilbiger Vers mit 6 Jamben, durch eine Pause (Zäsur) in zwei gleiche Hälften geteilt. Vor allem im Barock gebräuchlich: Der schnélle Tág ist hín, / die Nacht schwingt íhre Fáhn (GRYPHIUS: *Abend*).

Blankvers — fünfhebiger Jambus ohne Reim, bestimmt das Shakespeare-Drama und das deutsche Drama seit Lessing. Vor gráuen Jáhren lébt' ein Mánn im Ósten (LESSING: *Nathan der Weise*).

Enjambement — Zeilensprung, Übergreifen des Satzes und Sinnes auf die nächste Zeile/Strophe.

Reim, Reimschema — Seit Mitte des 18. Jh. Endreim = Gleichklang der Abschlusswörter mehrerer Verszeilen vom letzten betonten Vokal an. Verbindung der Zeilen zu Sinn- und Klangeinheiten. Paarreim: a a b b, Kreuzreim a b a b, umgreifender oder umschließender Reim a b b a, Schweifreim a a b c c b, Binnenreim (Gleichklang mehrerer Wörter innerhalb der Verszeile), Schlagreim (Gleichklang zweier aufeinander folgender Wörter).

Kadenz — Abschluss (meist Reimwort) einer Zeile. Einsilbige (männliche, stumpfe) Kadenz: Nacht – Macht, mehrsilbige (weibliche, klingende) Kadenz: Bäume – Träume.

Alliteration — Gleicher Anlaut mehrerer Wörter (germ. Stabreim): in allen Büschen und Bäumen.

Assonanz — Gleichklang der Vokale vom letzten Akzent an: Reigen – leiden.

Rhythmus — Im Gegensatz zum „messbaren" metrischen Schema eines Verses die sich aus dem Sinngehalt ergebende Betonung, z. B. steigernd-fallend, drängend-verweilend usw.

Strophe — Verbindung mehrerer Verszeilen zu einer geschlossenen Einheit, meist Sinnabschnitt, in der modernen Lyrik eher „Atemeinheit". – Strophen- und Gedichtformen:

Antike Strophen werden nach der Anzahl der in ihr enthaltenen Verse benannt (z. B. Distichon = Zweizeiler), kompliziertere Gebilde nach dem antiken Vorbild (z. B. sapphische Strophe nach der Dichterin SAPPHO auf Lesbos).	antike Strophe
Aufgesang (zwei gleich gebaute Strophenteile = Stollen) und Abgesang (oft Refrain): Under der linden / an der heide, / dâ unser zweier bette was, … (WALTHER VON DER VOGELWEIDE).	Minne- und Meistersangstrophe
Schlichte Form, vierzeilig, dreihebiger Jambus mit einfachem Kreuzreim, häufig in der Romantik verwendet.	Volksliedstrophe
14 Zeilen, bestehend aus Aufgesang (zwei vierzeilige Quartette mit Reimschema a b b a a b b a) und Abgesang (zwei dreizeilige Terzette, urspr. mit Reimschema c d c d c d, dann vielfach variiert). Die strenge Form reizte im Laufe der Jahrhunderte zu jeweils neuer Ausfüllung, z. B. bei MICHELANGELO, GRYPHIUS, GOETHE, HEINE, MÖRIKE, RILKE, GEORGE, TRAKL, GRÜNBEIN.	Sonett
griech. = Lied, Gedicht. In der Neuzeit lyrische Form des Weihevollen, Pathetisch-Feierlichen (Oden KLOPSTOCKS; s. a. Psalmen Davids in der Bibel).	Ode
griech. Hymnos = Lobgesang. Zunächst feierlicher Preisgesang für Götter und Helden; von KLOPSTOCK neu gestaltet in freien Rhythmen und vor allem zu religiösen Themen. Hymnen des jungen GOETHE (*Mahomets Gesang*), Hymnen HÖLDERLINS, NOVALIS': *Hymnen an die Nacht*.	Hymne
Klagend-entsagende, wehmutsvolle lyrische Form; meist Themen des Todes, der Trennung, des Verlustes, des Verzichts (GOETHE: *Marienbader Elegie*, HÖLDERLIN: Elegien, RILKE: *Duineser Elegien*).	Elegie
ital. ballata = Tanzlied. Im 14./15. Jh. bei den französischen Troubadours ein kurzes, strophisches Lied zum Tanz. Erst in England als „ballad" in heutiger Bedeutung: „dramatisches" Gedicht mit einem ungewöhnlichen, oft tragischen Geschehen im Zentrum. In Deutschland seit 1770 als Begriff und Form heimisch. Meist dialogische Grundstruktur, oft an historischen Ereignissen orientiert (G. BÜRGERS *Lenore* als erste deutsche Kunstballade; dann GOETHE, SCHILLER, BRENTANO, UHLAND, MÖRIKE, HEINE, DROSTE-HÜLSHOFF, C. F. MEYER, FONTANE, BRECHT schreibt im Bänkelsangton).	Ballade
Die kleinste bedeutsame Einheit des Sehens und Erlebens (z. B. Herbst, Rose).	Motiv
Ausschnitt aus der Wirklichkeit (Bild der Rose, des Baumes, des Vogels), erfahren und reflektiert durch das lyrische Ich.	lyrisches Bild
Erscheint zunächst wie ein um das „wie" verkürzter Vergleich; ein Begriff wird aus seinem ursprünglichen Bereich gelöst und auf einen anderen übertragen (Meer des Lebens, Blume des Todes). Vor allem in der modernen Lyrik Bezeichnung für das geheimnisvolle Zeichen, die verschlüsselte Bedeutung, die ungewöhnliche Metapher, die entschlüsselt, „dechiffriert" werden muss.	Metapher

Namenverzeichnis

Aichinger, Ilse 37
Aischylos 57
Alkuin 4
Andersch, Alfred 37, 38
Aristoteles 12, 57
Arndt, Ernst Moritz 19
Arnim, Achim v. 19, 21
Arnim, Bettina v. 22
Attila (Etzel) 4
Augustus 14

Bachmann, Ingeborg 36, 37, 39, 48
Balzac, Honoré de 26
Barlach, Ernst 33
Baudelaire, Charles 31
Bebel, August 27
Becher, Johannes R. 40
Becker, Jürgen 46
Becker, Jurek 42, 43, 48
Benn, Gottfried 32, 33
Bernhard, Thomas 38, 46
Beyer, Marcel 48
Bidermann, Jakob 9
Biermann, Wolf 42–44, 50
Bismarck, Otto v. 27, 28, 30, 54
Bobrowski, Johannes 42
Boccaccio, Giovanni 56
Bodmer, Johann Jakob 11
Böheim, Martin 6
Böll, Heinrich 36–38
Bölsche, Wilhelm 30
Börne, Ludwig 25, 26
Borchert, Wolfgang 37
Born, Nicolas 38
Brant, Sebastian 7
Braun, Karl Ferdinand 28
Braun, Volker 42, 43
Brecht, Bertolt 9, 32, 34, 35, 38, 40–42, 57, 59
Brentano, Clemens 19–22, 58, 59
Brion, Friederike 13
Brod, Max 33
Brussig, Thomas 47
Bruyn, Günther de 42, 43
Büchner, Georg 21, 26, 27

Büchner, Ludwig 28
Bürger, Gottfried August 14, 59
Byron, George G. N., Lord 26

Celan, Paul (Paul Ancel) 37, 39
Cervantes Saavedra, Miguel de 56
Cézanne, Paul 31
Chruschtschow, Nikita Sergejewitsch 40
Claudius, Matthias 13
Columbus, Christoph 6
Corneille, Pierre 11
Czechowski, Heinz 48

Darwin, Charles 28, 29, 32
Dehmel, Richard 30
Descartes, René 10
Dickens, Charles 27
Diesel, Rudolf 28
Domin, Hilde 48, 49
Döblin, Alfred 32, 33
Dostojewski, Fjodor 30
Drewitz, Ingeborg 38
Droste-Hülshoff, Annette v. 24, 29
Dürrenmatt, Friedrich 36–38, 40

Eckhart (Meister) 6
Eich, Günter 36, 37, 39
Eichendorff, Joseph v. 19, 21
Eichrodt, Ludwig 23
Elisabeth I. 14
Engels, Friedrich 26
Enzensberger, Hans Magnus 39, 48, 50, 51
Erasmus v. Rotterdam 7
Erb, Elke 46, 48
Eugen, Prinz v. Savoyen 8
Euripides 57

Feuchtwanger, Lion 40
Feuerbach, Ludwig 26, 28, 29
Fichte, Johann Gottlieb 19–21
Flaubert, Gustave 27
Fontane, Theodor 29, 48, 59
Fouqué, Friedrich H. K. Freiherr de la Motte 21
Freud, Sigmund 32
Freytag, Gustav 28, 57
Fried, Erich 39, 46
Friedrich der Große 11, 12
Friedrich I. (Barbarossa) 5
Friedrich II. 5
Friedrich, Caspar David 24
Frisch, Max 37, 38

Galilei, Galileo 6
Gauß, Carl Friedrich 50
Gellert, Christian Fürchtegott 11
George, Stefan 30, 31, 59
Goethe, Johann Wolfgang (v.) 7, 9, 12–16, 20, 22, 24, 29, 53, 56, 58, 59
Goeze, Johann Melchior 12
Gogh, Vincent van 31
Goll, Ivan 39
Gomringer, Eugen 39
Gontard, Susette 17
Gorbatschow, Michail Sergejewitsch 45
Gottfried v. Straßburg 5
Gottsched, Johann Christoph 10, 11
Grabbe, Christian Dietrich 26
Grass, Günter 36, 38, 45, 46, 48, 80, 52
Grillparzer, Franz 24
Grimm, Jacob und Wilhelm 19, 22, 25
Grimmelshausen, Hans Jakob Christoffel v. 9, 53
Grotewohl, Otto 41
Grotius, Hugo 10

Namenverzeichnis

Grünbein, Durs 46–48, 50, 59
Gryphius, Andreas 9, 58, 59
Günderode, Karoline v. 22
Gutzkow, Karl 25, 26

Hacks, Peter 42
Haeckel, Ernst 28
Haeseling, Dorothee 48
Hahn, Ulla 46, 48, 51
Handke, Peter 38, 46, 48, 50
Hardenberg, Karl August v. 19, 21
Harsdörffer, Georg Ph. 9
Hart, Heinrich u. Julius 29
Härtling, Peter 38
Hartmann v. Aue 5
Hauff, Wilhelm 21
Hauptmann, Gerhart 30
Havemann, Robert 42
Hebbel, Friedrich 29
Hegel, Georg Wilhelm Friedrich 24, 26
Heidegger, Martin 34
Hein, Christoph 45, 51
Heine, Heinrich 21, 24–27, 54, 59
Heißenbüttel, Helmut 39
Hemingway, Ernest 36, 56
Henlein, Peter 6
Herder, Johann Gottfried 13, 14, 16, 19, 20, 53
Hermann, Judith 48, 50
Hermlin, Stephan (Rudolf Leder) 40
Hertz, Heinrich 28
Hertz, Henriette 22
Hesse, Hermann 30, 31, 35
Heym, Georg 32
Heym, Stefan (Hellmuth Fliegel) 40–43, 45
Heyse, Paul 28, 56
Hildesheimer, Wolfgang 37
Hitler, Adolf 34
Hobbes, Thomas 10
Hochhuth, Rolf 38

Hoffmann, E(rnst) T(heodor) A(madeus) 21, 22
Hofmannsthal, Hugo v. 30
Hölderlin, Friedrich 16–18, 58, 54
Holz, Arno 30
Homer 56, 58
Honecker, Erich 43
Horváth, Ödön v. 35
Huchel, Peter 40, 42
Hugo, Victor 26
Humboldt, Alexander v. 50
Humboldt, Wilhelm v. 15
Hutten, Ulrich v. 7

Ibsen, Henrik 30
Immermann, Karl 24

Jaspers, Karl 34
Jean Paul (Friedrich Richter) 21, 29
Jelinek, Elfriede 45, 51
Jens, Walter 37
Johnson, Uwe 38
Joseph II. 12
Joyce, James 56
Jünger, Ernst 34

Kafka, Franz 21, 32–34, 36, 40, 56
Kaiser, Georg 33
Kant, Hermann 42
Kant, Immanuel 10, 12, 15, 20, 53
Karl der Große 4
Karl August, Herzog v. Weimar 12, 16
Karl Eugen, Herzog v. Württemberg 12, 17
Kaschnitz, Marie Luise 38
Katharina II. 12
Kehlmann, Daniel 50
Keller, Gottfried 9, 29, 56
Kepler, Johannes 6
Kierkegaard, Søren 34
Kipphardt, Heinar 38
Kirsch, Sarah 42, 43, 46, 48
Kleist, Heinrich v. 22, 56
Klepper, Jochen 34

Klinger, Maximilian 12
Klopstock, Friedrich Gottlieb 13, 59
Kluger, Martin 51
Koeppen, Wolfgang 37
Königsdorf, Helga 45
Kolleritsch, Alfred 48
Konstantin (Kaiser) 4
Kopernikus, Nikolaus 6
Körner, Theodor 19
Kotzebue, August v. 25
Kraus, Karl 33
Kroetz, Franz Xaver 38
Krolow, Karl 46
Kuckart, Judith 51
Kunert, Günter 42, 43
Kunze, Reiner 43

Lang, Thomas 51
Lasker-Schüler, Else 33
Laube, Heinrich 25
Lehr, Thomas 50
Leibniz, Gottfried Wilhelm 10, 11
Lenz, Jakob Michael Reinhold 12–14
Lenz, Siegfried 38, 45, 50
Lessing, Gotthold Ephraim 7, 10, 12, 13, 53, 58
Lichtenberg, Georg Christoph 11
Liebknecht, Wilhelm 27
Liliencron, Detlev v. 30
Locke, John 10
Loest, Erich 43, 47, 50
Löhr, Robert 47
Ludwig I. (v. Bayern) 24
Ludwig, Otto 27
Luther, Martin 6, 7, 53

Machiavelli, Niccolo 8
Magdeburg, Mechthild v. 6
Mallarmé, Stephane 29
Mann, Heinrich 33–35, 55
Mann, Thomas 34, 35, 55, 56
Maria Theresia (Kaiserin) 11
Marlowe, Christopher 7

61

Maron, Monika 45
Marx, Karl 26, 29
Matisse, Henri 31
Mayröcker, Friederike 51
Meckel, Christoph 38, 51
Meinecke, Friedrich 28
Metternich, Klemens v. 23
Meyer, Clemens 51
Meyer, Conrad Ferdinand 28, 29, 59
Michelangelo Buonarroti 59
Mickel, Karl 42
Modick, Klaus 46
Mommsen, Theodor 28
Morgner, Irmtraud 43
Mörike, Eduard 24, 59
Müller, Heiner 41–43, 46
Müller, Wilhelm 12
Musil, Robert 35

Napoleon Bonaparte 14, 19, 25
Neuber, Friederike Caroline 11
Neutsch, Erik 42
Nietzsche, Friedrich 29, 30, 42
Novalis (Friedrich v. Hardenberg) 18–21, 59

Opitz, Martin 9, 11
Oswald v. Wolkenstein 6
Otfried v. Weißenburg 5
Otto I. 4

Perikles 14
Pinthus, Kurt 32
Piscator, Erwin 35
Plenzdorf, Ulrich 43
Poe, Edgar Allen 21

Raabe, Wilhelm 28, 29
Ranke, Leopold v. 24
Reich-Ranicki, Marcel 50
Reimann, Brigitte 41, 43
Reinmar v. Hagenau 5
Remarque, Erich Maria 34
Reuter, Christian 9
Richter, Hans Werner 37

Rilke, Rainer Maria 30, 31, 56, 59
Rimbaud, Arthur 31
Rist, Johann 9
Röntgen, Wilhelm C. 28
Rousseau, Jean-Jacques 13
Rühmkorf, Peter 46

Sachs, Hans 7, 8
Sachs, Nelly 39
Saint-Pierre, Charles Irénée Castel de 11
Saint-Simon, Claude Henri Comte de 26
Sand, George 26
Sand, Karl Ludwig 25
Sappho 59
Savigny, Friedrich Karl v. 24
Schelling, Friedrich W. 20
Schiller, Friedrich 12–18, 22, 53, 59
Schinkel, Karl Friedrich 24
Schlaf, Johannes 30
Schlegel, August Wilhelm 19, 21
Schlegel, Friedrich 18–21
Schleiermacher, Friedrich Ernst Daniel 20
Schliemann, Heinrich 28
Schlink, Bernhard 48, 51
Schnitzler, Arthur 31, 34
Schnurre, Wolfdietrich 37
Schopenhauer, Arthur 28, 30
Schubart, Christian Friedrich Daniel 12, 13
Schubert, Franz 24
Schulze, Ingo 51
Schumann, Robert 24
Seghers, Anna (Netty Reiling) 40, 42
Shakespeare, William 12, 13, 21, 50, 51, 53, 57, 58
Smith, Adam 23
Sophokles 11, 13, 57
Spinoza, Baruch 10, 20
Spitzweg, Carl 23
Stalin, Jossif W. 40
Stein, Charlotte v. 16

Stein, Karl Freiherr vom und zum 19
Stendhal, Frédéric de (Marie Henri Beyle) 27
Stifter, Adalbert 24, 25
Storm, Theodor 28, 29, 56
Stramm, August 33
Strauß, Botho 38, 48, 46, 50, 51
Strauß, David Friedrich 28
Strindberg, August 30
Strittmatter, Erwin 41, 42
Süßkind, Patrick 46

Theoderich der Große (Dietrich v. Bern) 4
Thomasius, Christian 10
Tieck, Ludwig 21
Tolstoj, Leo 30
Trakl, Georg 32, 33, 59
Treichel, Hans-Ulrich 51
Treitschke, Heinrich v. 28

Uhland, Ludwig 24, 59
Ulbricht, Walter 41

Varnhagen, Rahel 22
Verlaine, Paul 31
Virchow, Rudolf 28

Wagner, Heinrich Leopold 12, 13
Wagner, Richard 7, 24
Walser, Martin 37, 38, 45, 50, 51
Walther v. d. Vogelweide 5, 59
Wander, Maxie 43
Wapnewski, Peter 45
Weber, Carl Maria v. 24
Wedekind, Frank 31
Weiss, Peter 38
Weizsäcker, Richard v. 47
Wenders, Wim 46
Werfel, Franz 33
Wernher der Gartenaere 6
Wienbarg, Ludolf 25
Wilhelm II. 30, 31

Winckelmann, Johann Joachim 15
Wolf, Christa 42–48, 51
Wolf, Friedrich 40
Wolff, Christian 10
Wolfram v. Eschenbach 5

Young, Edward 13

Zola, Émile 30
Zuckmayer, Carl 31, 34, 35
Zweig, Arnold 34, 40
Zweig, Stefan 34, 35

ohne Verfasser
Al Quaida 49
Edda 4
Heliand 5
Hildebrandslied 4
Muspilli 5
Nibelungenlied 5, 6
Schildbürger 7
Volksbuch vom Doktor Faust 7

Für den Unterrichtsgebrauch in Sekundarstufe I und II

Textquellen:
6 Anfang des Nibelungenliedes. Zit. nach: Das Nibelungenlied, kritisch hrg. und übertragen von Ulrich Pretzel. S. Hirzel Verlag, Stuttgart 1973, S. 18. – **7** Martin Luther: Sendbrief vom Dolmetschen. Zit. nach: Martin Luther. Studienausgabe, hrg. von Hans-Ulrich Delius, Bd. 3. Evangelische Verlagsanstalt, Berlin 1983, S. 485 ff. **8** Hans Sachs: Das Schlauraffen Landt. Zit. nach: Sämtliche Fabeln und Schwänke von Hans Sachs, hrg. von Edmund Goetze, Bd. 1. Halle an der Saale 1893, Nr. 4. – **12** Immanuel Kant: Was ist Aufklärung? Zit. nach: Kant, Erhard, Hamann, Herder, Lessing, Mendelssohn, Riem, Schiller, Wieland: Was ist Aufklärung? Thesen und Definitionen, hrg. von Erhard Bahr. Philipp Reclam jun., Stuttgart 1974, S. 9. – **14** Friedrich Schiller: Die Räuber. Ein Schauspiel. Philipp Reclam jun., Stuttgart 1992, S. 138 f. – **16** Johann Wolfgang von Goethe: Urworte, Orphisch. In: Goethes Werke, Bd. 1: Gedichte und Epen, textkritisch durchges. und kom. von Erich Trunz. Verlag C. H. Beck, München 1993, S. 359. Johann Wolfgang von Goethe: Vermächtnis. In: ebd., S. 369. – **17** Friedrich Schiller: Das Lied von der Glocke. Zit. nach: Schillers Werke. Nationalausgabe, Bd. 2, Teil I: Gedichte in der Reihenfolge ihres Erscheinens 1799–1805, hrg. von Norbert Oellers. Hermann Böhlaus Nachfolger, Weimar 1983, S. 237. Friedrich Schiller: Die Worte des Wahns. Zit. nach: ebd., S. 371. – **18** Friedrich Hölderlin: Lebenslauf. In: Hölderlin. Sämtliche Werke, Bd. 2, hrg. von Friedrich Beissner. W. Kohlhammer Verlag, J. G. Cottasche Buchhandlung Nachfolger, Stuttgart 1951, S. 22. – **22** Joseph von Eichendorff: Mondnacht. In: Sämtliche Werke des Freiherrn Joseph von Eichendorff, Bd. I/l: Gedichte. Erster Teil, hrg. von Harry Fröhlich und Ursula Regener. Verlag W. Kohlhammer, Stuttgart 1993, S. 327 f. – **25** Adalbert Stifter: Vorrede zu „Bunte Steine". Zit. nach: Adalbert Stifter: Werke und Briefe. Historisch-kritische Gesamtausgabe, hrg. von Alfred Doppier und Wolfgang Frühwald, Bd. 2,2. Verlag W. Kohlhammer, Stuttgart Berlin Köln 1995, S. 10. – **27** Georg Büchner: Der Hessische Landbote. Zit. nach: Georg Büchner, Friedrich Ludwig Weidig: Der Hessische Landbote. Studienausgabe, hrg. von Gerhard Schaub. Philipp Reclam jun., Stuttgart 1996, S. 6. – **27** Heinrich Heine: Ich hatte einst ein schönes Vaterland. In: Heinrich Heine: Historisch-kritische Gesamtausgabe der Werke hrg. von Manfred Windfuhr, Bd. 2: Neue Gedichte. Hoffmann und Campe, Hamburg 1983, S. 73. – **29** Theodor Fontane: Effi Briest. Zit. nach: Theodor Fontane: Sämtliche Werke, hrg. von Walter Keitel, Bd. 4. Carl Hanser, München 1963, S. 7. – **30** Arno Holz: Vorwort zur Komödie „Sozialaristokraten". Zit. nach: Arno Holz: Sozialaristokraten. Komödie, hrg. von Theo Meyer. Philipp Reclam jun., Stuttgart 1980, S. 138. – **33** August Stramm: Patrouille. Zit. nach: August Stramm: Dramen und Gedichte. Auswahl und Nachwort von Rene Radrizzani. Philipp Reclam jun., Stuttgart 1979, S. 70. – **35** Bertolt Brecht: An die Nachgeborenen. © Suhrkamp Verlag Frankfurt am Main. In: Bertolt Brecht: Werke. Große kommentierte Berliner und Frankfurter Ausgabe, hrg. von W. Hecht, J. Knopf, W. Mittenzwei, K.-D. Müller, Bd. 12: Gedichte 2. Aufbau-Verlag, Suhrkamp Verlag, Berlin 1988, S. 87. – **39** Paul Celan: Schwarzerde. © Suhrkamp Verlag Frankfurt am Main 1975. In: Paul Celan: Gedichte in zwei Bänden, Bd. l: Suhrkamp Verlag, Frankfurt am Main 1975, S. 241. Günter Eich: Träume. © Suhrkamp Verlag Frankfurt am Main 1953. Zit. nach: Günter Eich: Träume. Vier Spiele. Suhrkamp Verlag, Frankfurt am Main 1988, S. 200. Ingeborg Bachmann: Ausfahrt. © R. Piper & Co. Verlag München 1978. Zit. nach: Ingeborg Bachmann: Werke, hrg. von Christine Koschel, Inge von Weidenbaum, Clemens Münster, Bd. l: Gedichte, Hörspiele Libretti, Übersetzungen. R. Piper & Co. Verlag, München 1982, S. 29. Hans Magnus Enzensberger: Leuchtfeuer. © Verlag Philipp Reclam jun. Zit. nach: Hans Magnus Enzensberger: Gedichte. 1950–1995. Suhrkamp Verlag, Frankfurt am Main 1996, S. 52. – **40** Friedrich Dürrenmatt: „Die Physiker". © Diogenes Verlag AG Zürich 1980. Zit. nach: Friedrich Dürrenmatt: Gesammelte Werke, hrg. von Franz Joseph Görtz, Bd. 2: Stücke. Diogenes Verlag AG, Zürich 1988, S. 208 f. – **44** aus Wolf Biermann: Es senkt das dunkle Dunkel. © Kiepenheuer & Witsch Köln 1994. Christa Wolf: Der geteilte Himmel. Zitiert nach: Christa Wolf: Der geteilte Himmel. Erzählung. Deutscher Taschenbuch Verlag, München 1994. – dieser Ausgabe: Christa Wolf. Wolf Biermann: Und als wir ans Ufer kamen. © Kiepenheuer & Witsch Köln 1994. – **46** Günter Grass: Die Rättin. © Hermann Luchterhand Verlag GmbH & Co KG Darmstadt und Neuwied 1986. Zit. nach: Günter Grass: Die Rättin. Luchterhand Verlag, Darmstadt 1986, S. 14. Christa Wolf: Störfall. Nachrichten eines Tages. © Luchterhand Literaturverlag GmbH Hamburg 1993. Zit. Nach: Christa Wolf: Störfall. Nachrichten eines Tages. Luchterhand Verlag, Darmstadt und Neuwied 1987, S. 11 f. **47** Durs Grünbein: 12/11/89. © Suhrkamp Verlag Frankfurt am Main. In: Durs Grünbein: Schädelbasislektion. Suhrkamp Verlag, Frankfurt am Main 1991, S. 61. – **48** Judith Herrmann: Sommerhaus, später. © S. Fischer Verlag Frankfurt am Main 1998, S. 139 u. 172. **49** Hilde Domin: Der Baum blüht trotzdem. Gedichte. © S. Fischer Verlag Frankfurt am Main 1999, S. 13. – **51** Daniel Kehlmann: Die Vermessung der Welt. © Rowohlt Verlag Reinbek 2005, S. 212. **52** Günter Grass: Letzte Tänze. © Steidl Verlag Göttingen 2003, S. 93.